【中华历史文化名楼】

大观楼

石玉顺　刘咏梅　编著

文物出版社

图书在版编目（CIP）数据

　　大观楼 / 石玉顺，刘咏梅编著. —北京：文物出版社，2017.4（2018.12重印）
　　（中华历史文化名楼）
　　ISBN 978-7-5010-4926-4

　　Ⅰ.①大… Ⅱ.①石…②刘… Ⅲ.①楼阁—名胜古迹—介绍—昆明 Ⅳ.①K928.74

　　中国版本图书馆CIP数据核字（2017）第039122号

中华历史文化名楼
大观楼

编　　著：石玉顺　刘咏梅
责任编辑：李　睿
责任印制：梁秋卉
封面设计：薛　宇

出版发行：文物出版社
社　　址：北京市东直门内北小街2号楼
邮　　编：100007
网　　址：http://www.wenwu.com
邮　　箱：web@wenwu.com
经　　销：新华书店
印　　刷：文物出版社印刷厂
开　　本：787×1092　1/16
印　　张：9.5
版　　次：2017年4月第2版
印　　次：2018年12月第2次印刷
书　　号：ISBN 978-7-5010-4926-4
定　　价：45.00元

《中华历史文化名楼》丛书编辑委员会

目　录

　　"千秋怀抱三怀酒，万里云山一水楼。"

　　昆明大观楼，雄踞滇池北滨。凭栏骋目，浩瀚滇池，四面云山，远浦遥岑，风帆烟树，雨晴浓淡，烟霭有无，果然一大观！

前　言

　　"千秋怀抱三怀酒，万里云山一水楼。"

　　昆明大观楼，雄踞滇池北滨。凭栏骋目，浩瀚滇池，四面云山，远浦遥岑，风帆烟树，雨晴浓淡，烟霭有无，果然一大观！

　　大观楼始建于清康熙二十九年（1690年），三百多年建楼的历史，不能与黄鹤楼、岳阳楼、滕王阁等历经千年沧桑的名楼相比。清乾隆年间，昆明布衣寒士孙髯翁傲然一气呵成大观楼一百八十字长联，上联叙述登楼览胜，远眺滇池东西北南四围风光，下联追溯历史往事，缕陈云南汉唐宋元千年往事，情景交融，气魄宏大，对仗工稳，脍炙人口，二百多年来被誉为"天下第一长联"。毛泽东评价长联"从古未有，别创一格。"长联问世，大观楼跻身中国名楼。

　　文因景生，景因文传，称"中国名楼"，不仅楼峙名山大川，山水胜境，历史悠久，文物古迹荟萃，更须有历代公认千古绝唱的雄文华章。大观楼巍然屹立高原明珠滇池湖畔，是昆明"金碧湖山"之胜境。昆明历史文化名城二千多年漫长的建城历史，烘托了大观楼厚重的历史文化内涵。

大观楼几经兴废，简介历代名人为近华浦开拓作出的贡献，就是大观名楼的一部发展史。近华浦云南地方民族风格的古典园林建筑鳞次栉比，形成大观楼独具特色的园林景观。大观楼建楼以来，历代骚人墨客登楼留下丰厚绚烂写景抒怀的诗文楹联，是这座地处祖国西南边陲名楼的文化底蕴。

"九夏芙蓉，三春杨柳"，具有历史风韵的自然景观，如今更加光彩夺目。大观楼，不愧中华历史文化名楼。

一、大观名楼

——滇池之滨近华浦大观楼

千秋怀抱三杯酒；

万里云山一水楼。

——清·宋湘

大观名楼

"果然一大观，山水唤凭栏……"

大观公园，又称大观楼，在昆明老城区西南，地处滇池北面草海之滨，与苍翠起伏的太华山峰隔水相望，故称"近华浦"。

在近华浦北面，明初镇守云南的西平侯沐英曾开辟花园，称西园，建有簇锦楼、君子亭和水云乡莲池。明代末年，沐氏西园荒芜，近华浦一带"萑苇满泽"。明崇祯十一年（1638年）徐霞客《游太华山记》载："出省城。西南二里下舟，两岸平畴夹水。十里田尽，萑苇满泽，舟行深绿间，不复知为滇池巨流，是为草海。草间舟道甚狭，遥望西山绕壁东出，削崖排空，则罗汉寺也。"近华浦在明末清初，一片芦苇沼泽，与滇池草海连成一片。

清康熙初年，平西亲王吴三桂统治云南，疏挖了由小西门外至近华浦通草海的河道，将滇池沿岸的粮食由水路运进城里，这条河当时称运粮河，今称大观河。小西门外里许，又开辟篆塘码头，码头建盖仓廒，粮船抵篆塘，粮米入仓，甚为便捷。

清康熙二十一年（1682年），湖北籍乾印和尚在近华浦"始创一庵区"，称观音寺。乾印在寺里"讲《妙法莲华经》，听者常千人。"康熙二十九年（1690年），云南巡抚王继文、石文晟，布政使佟国襄等人见近华浦自然景色优

美，视野开阔，"远浦遥岑，风帆烟树，擅湖山之胜。"于是大兴土木，挖池筑堤，种花植柳，相继建涌月亭、澄碧堂、观稼堂、大观楼等亭台楼阁，修筑沿湖港湾和湖中岛屿，以后逐渐形成浴兰渚、唤渡矶、涤虑湾、问津港、送客岛、适意川等景点，近华浦成为昆明的湖山游览胜地。

清道光八年（1828 年），云南按察使翟锦观将大观楼由原来二层重修为三层。清咸丰五年（1855 年），咸丰帝奕詝问及云南滇池湖势，呈贡籍兵部侍郎何彤云"历陈大观情形"，咸丰帝听后，为大观楼题"拔浪千层"匾额。咸丰七年（1857 年）大观楼毁于兵燹。同治三年至五年（1864~1866 年），署提督马如龙重建大观楼。后又遭大水，近华浦部分建筑倾圮。光绪九年（1883 年），云贵总督岑毓英令观音寺住持性田和尚重新修建。

民国 3 年（1914 年），省民政厅长李鸿祥创修小西门至近华浦的马路，即今之大观路。

1919 年，唐继尧将大观楼辟为公园，把清代呈贡篆刻书法家孙铸（铁舟）的题额镶嵌在新建的拱券园门上。1936 年云南省政府为唐继尧在意大利铸戎装骑洋马铜像，次年 7 月安置在近华浦广场上。当时铜像海运至越南，由滇越铁路运往昆明。铜像高大，一节火车皮装载过不了隧道，只好铜人铜马分装。唐继尧是云南会泽人，会泽盛产洋芋，为此滇人曾讥笑运铜像之举："一节大火车，装不下一个会泽大洋芋。"唐继尧铜像 1959 年被拆除。

1930 年，昆明市长庾恩锡仿杭州西湖修葺近华浦，效西湖白堤、苏堤筑沿湖柳堤，三桥鼎峙，环浦通行，"增一榭如秋月平湖"，又将状元楼外三个白石墩移到大观楼前的湖中，形成"三潭印月"之景，"月光映潭，影色分三"。

出城小西门，大观河畔是一条幽静的林荫道，直通大观楼。昔日，大观楼附近，碧绿的田野，一直延伸到滇池湖畔。大观河滨，绿野丛中，村庄草房瓦舍，袅袅炊烟缭绕。田野里，农民荷锄耕耘；草海畔，渔民下网打鱼。一派风调雨顺的农家乐景象。如今，这里已是昆明繁华城区。

大观楼碧水涟漪，长堤垂柳，楼外有楼，景外有景，既有自然湖山之娇，又有古典园林之美，是一座步步皆景，风光秀丽的湖滨风景名胜。

近华浦门楼是底层四方穿心拱门，上层为琉璃飞檐的八角亭，"近华浦"匾大理石镶刻，门两侧有马如龙所撰对联："曾经沧海难为水；欲上高楼且泊舟。"上联出自《孟子·尽心上》："孔子登东山而小鲁，登太山（泰山）而小天下。故观于海者，难为水……"曾经观过沧海的人，看其他水就觉得难称得上水。作者在这里把滇池之水比为"沧海"之水，评价是相当高的。下联意出盛唐王之涣的《登鹳鹊楼》："欲穷千里目，更上一层楼。"泊舟登楼干什么？饱览滇池碧水和群山葱郁的景色。

近华浦三面临水，柳荫竹丛下，一叶叶轻舟荡漾。盛夏荷塘中，一片片荷花清香。道旁藤架上，素馨花、紫藤芬芳馥郁。曲径游路旁，四时百花争艳。1930年姚安籍书画园艺大师赵鹤清（字松泉）堆叠的假山"彩云崖"，峰回路转。沿湖回廊，贯通催耕馆、牧梦亭、涌月亭、揽胜阁、大观楼等亭台楼阁。近华浦的园林景色，柳堤外的山水风光，有机地融为一体，这是大观楼的显著特色。沿长廊漫步，观赏廊外湖光山色，长堤虹桥，柳荫鸣禽，荷塘鱼跃，使人感到揽胜阁的对联描述得好："海天纵览观斯大；风雨无边兴自高。""华雨来时有鱼乐；柳荫深处鸣禽多。"

近华浦中最为壮观的是濒临草海边，三层飞檐、四角攒尖顶、金漆彩

近华浦门楼

画的"大观楼"。大观楼临水正面，下层巨匾楷书"大观楼"三字，上层是"拔浪千层"匾。门两边悬挂着清乾隆年间著名诗人孙髯翁所撰180字"海内第一佳长联"。当时长联由名士陆树堂书写后刊刻。咸丰七年（1857年）兵燹，大观楼及陆书联毁。同治年间大观楼重建后，光绪十四年（1888年）云贵总督岑毓英请三迤名士赵藩楷书长联刊刻。长联蓝底金字，光彩夺目。上联写登大观楼骋怀，所见到滇池四围的风光，下联历数云南数千年历史及作者的感慨。长联情景交融，对仗工整，气魄宏大，200多年来脍炙人口。

大观楼正面

1958 年 3 月，毛泽东在成都召开中央工作会议，借阅梁章钜的《楹联丛话》，再次看到大观楼的长联，甚为赞赏。他不仅背诵如流，还在批语中写道："从古未有，别创一格"。并对梁章钜在《楹联丛话》中认为长联"虽一纵一横，其气足以举之，究未免冗长之讥也"的评语，针锋相对地指出"此评不确"。长联获毛泽东的高度评价，足显长联的价值。1983 年大观楼被列为"云南省重点文物保护单位"，现已申报全国重点文物保护单位。

长联原文：

五百里滇池，奔来眼底。披襟岸帻，喜茫茫空阔无边。看：东骧神骏，西翥灵仪，北走蜿蜒，南翔缟素。高人韵士，何妨选胜登临。趁蟹屿螺洲，梳裹就风鬟雾鬓。更蘋天苇地，点缀些翠羽丹霞。莫孤负：四围香稻，万顷晴沙，九夏芙蓉，三春杨柳；

数千年往事，注到心头。把酒凌虚，叹滚滚英雄谁在？想：汉习楼船，唐标铁柱，宋挥玉斧，元跨革囊。伟烈丰功，费尽移山

赢得幾杵疏鐘半江漁火兩行秋雁一枕清霜 光緒十四年戊子春正月二日 西林岑毓英重立

囊偉烈豐功費盡移山心力儘珠簾畫棟卷不及暮雨朝雲便斷碣殘碑都付與蒼煙落照只

數千年往事注到心頭把酒凌虛歎滾滾英雄誰在想漢習樓船唐標鐵柱宋揮玉斧元跨革

五百里滇池奔來眼底披襟岸幘喜茫茫空闊無邊看東驤神駿西翥靈儀北走蜿蜒南翔縞

素高人韻士何妨選勝登臨趁蟹嶼螺洲梳裹就風鬟霧鬢更蘋天葦地點綴些翠羽丹霞莫

孤負四圍香稻萬頃晴沙九夏芙蓉三春楊柳 昆明孫髯翁先生舊句

长联

心力。俭珠帘画栋,卷不及暮雨朝云。便断碣残碑,都付与苍烟落照。只赢得:几杵疏钟,半江渔火,两行秋雁,一枕清霜。

孙髯翁,名髯,字髯翁,号颐庵,清乾隆时布衣寒士,祖籍陕西三原,寄籍昆明,能诗善画,博学多识,蔑视科举,一生不试,从未做过官,过着清贫的布衣生活。当时他常到近华浦观赏景色,看不起封建文人雅士在这里所作的歌功颂德之词,傲然书写长联,惊动一时。孙髯翁家在五华山北麓,喜种梅花,自称"万树梅花一布衣",孙髯翁旧居至今仍称梅园巷。晚年他生活贫困潦倒,在昆明螺峰山圆通寺咒蛟台卜易为生,自号"蛟台老人"。孙髯翁年迈前往弥勒寻女儿,死后葬于弥勒县西郊新瓦房村,墓碑镌"古滇名士孙髯翁先生之墓"。墓联为:"古冢城西留傲骨;名士滇南有布衣"。

大观楼背面,悬挂着清嘉庆四年进士,云南曲靖、永昌知府宋湘撰写的对联:

"千秋怀抱三杯酒;万里云山一水楼。"

这副对联高度概括了孙髯翁的长联。孙髯翁上联写"五百里滇池,奔来眼底"的壮观景色,宋湘只用"万里云山一水楼"七字,一语道尽。这七个字,也是大观楼的主要景观特色。孙髯翁下联抒发"把酒凌虚,叹滚滚英雄谁在"的感慨,宋湘把这个感慨归结为"千秋怀抱三杯酒。"孙髯翁"把酒"叹息汉唐宋元的千秋"伟烈丰功",不过是杯酒中感慨而已。

这副楹联的上面,是"烟波世界"横匾。登大观楼,凭窗骋目,见到的是茫茫滇池的烟波世界。你看:西山睡美人仰卧,层峦叠翠;浩瀚滇池碧波,风帆点点;绿隐星罗渔村,良田万顷……山川之美,令人陶醉。

大观楼二楼上,悬挂着当年拓下陆树堂行草所书的孙髯翁长联。三楼,

挂着郭沫若1961年1月《登大观楼即事》五言律诗：

> 果然一大观，山水唤凭栏。
>
> 睡佛云中逸，滇池海样宽。
>
> 长联犹在壁，巨笔信如椽。
>
> 我亦披襟久，雄心溢两间。

登楼见到如此山水大观，确实雄心充溢自己的"心间"和浩瀚"空间"！郭沫若题诗，写景抒情，书法奔放秀逸。

由彩云崖东面踱过"浦桥"，百亩荷塘东侧，原来是大草坪，开辟成儿童游乐园。提升旋转飞机、电动火车、空中滑行车……这里招来孩子们的欢声笑语。按公园规划，游乐设施将迁往大观西园，这里拟借鉴扬州瘦西湖造园，形成古典水景园林景区。

由儿童乐园沿柳堤向南，楼外楼似伸进滇池航道的巨型画舫，画舫三面临水。楼的主体建筑二层，琉璃歇山卷脊屋面，外侧螺旋楼梯。楼上观景，楼下品茗。楼外楼东临航道，栏杆外泊满载客的渔舟、汽艇；南为长堤，伸向草海畔的大观西园，遥望雾霭中的西山群峰；西面荷池，与大观楼隔水相望，拱桥倒影，绿柳摇曳；楼北花园，四时鲜花簇拥着曲径游路。

大观楼的东面、南面，民国年间相继建有李园、庚庄、鲁园、丁园、陈园等一批私家花园别墅，多属中西合璧的园林，以后都纳入公园游览区。

近华浦东园，即明初沐英建水云乡莲池的"西园"。柳堤荷塘，小桥流水，绿树荫翳，曲径通幽。东园北面为公园管理处。

由楼外楼乘渔舟渡过滇池航道，庚庄、鲁园分别西临草海，掩映在碧波垂柳之中。庚庄是民国十六年（1927年）经营亚细亚烟草公司的庚恩锡

楼外楼

（字晋侯），在书画园艺大师赵鹤清（字松泉）襄助下兴建的中西合璧园林。庾恩锡曾留学日本习园艺，1929年出任昆明市长，对大观楼及昆明的园林事业作出杰出贡献。鲁园1927年与庾庄同时兴建，两园一墙之隔。园主人鲁道源，民国年间军事将领，抗战期间参加武汉保卫战、长沙会战，1942年任五十八军军长，指挥长衡、浙东战役，名扬中外，1945年日本投降，鲁道源在南昌主持受降。庾庄、鲁园的主体建筑晋侯楼、子泉别业，为中西合璧砖石结构的别墅，亭桥、楼阁及"不系舟"又系中国古典园林。园中，翠柳绿堤，曲桥小亭，荷池花坛，叠石流水……群芳争艳，步步皆景。

　　大观楼风光美，花卉更美。在近华浦外荷塘畔的景墙内，四季都向游客展出品种繁多、千姿百态的盆景。云南的名花及各种盆景、桩景引人注目。夏季，百亩荷花盛开，一年一度举办荷花展览，"九夏芙蓉"成为大观楼的特色景观；入秋，千盆万盆菊花盛开，姹紫嫣红，满园秋色。冬末春初，数万株郁金香把近华浦装点得万紫千红，鲜艳夺目。昆明四季如春，大观楼春深似海，郭沫若曾作七绝一首赞美大观楼的花：

　　　　热带归来天气凉，昆明仿佛是天堂。

　　　　大观楼下久徘徊，喜见茶花胜海棠。

九夏芙蓉

大观楼迷人的景色，吸引了五洲四海的宾客到这里游览。1986 年 10 月 17 日，英国女王伊丽莎白二世与爱丁堡公爵，登临西山、眺望滇池后，由滇池西岸的西园乘游艇经草海到楼外楼，游览了大观楼，并将三株由英国带来的玫瑰花，种在近华浦花坛内，祝愿中英两国人民的友谊之花常开。当时本书作者任导游。

每逢中秋之夜，昆明市民有到大观楼赏月赏花的习俗，天上皓月，人间灯火。人隐菊花丛中，迷恋波光云影；倚栏饮酒小憩，观赏三潭印月；漫步曲堤柳烟，指点滇池渔火……多少人在这里彻夜伴月。早在明洪武年间，谪滇日本诗僧机先就在昆明写了《滇阳六景》，赞美昆明秀丽的风光。其中《滇池夜月》一景云：

> 滇池有客夜乘舟，渺渺金波接素秋。
>
> 白月随人相上下，青天在水与沉浮。
>
> 遥怜谢客沧州趣，更爱苏仙赤壁游。
>
> 坐倚蓬窗吟到晓，不知身尚在南州。

大观楼，将春城金碧湖山秀丽的景色，呈现在你的眼前。

1998 年，为迎接'99 昆明世界园艺博览会，大观楼全面整治修建，近华浦西面，新征 197 亩沼泽地，开辟西园景区。筑堤架桥，沿堤植柳，湖畔芦苇，池中莲荷，芳草溪流。园中开发游艺娱乐区，成为现代园林风格的新景区。为弘扬长联文化，恢复和发掘大观楼丰富的历史文化内涵，近华浦新增"大观楼文化长廊"，设置"中国名楼馆"，花岗岩石雕孙髯翁坐像，复制铜铸长联，国画绘制孙髯翁生平，"彩云崖"大型假山修复开放……一个以名楼、名联，"九夏芙蓉，三春杨柳"为主题的历史文化公

园更加绚丽多彩。

大观楼、近华浦古典园林景区，南园庾庄、鲁园中西合璧园林景区，西园现代园林景区，不同的历史风貌，融汇在"九夏芙蓉，三春杨柳"的大环境之中，成为滇池国家级风景名胜区璀璨夺目的明珠。

长联注释

（上联）五百里滇池①，奔来眼底。披襟岸帻②，喜茫茫空阔无边。看：东骧神骏③，西翥灵仪④，北走蜿蜒⑤，南翔缟素⑥；高人韵士，何妨选胜登临，趁蟹屿螺洲⑦，梳裹就风鬟雾鬓⑧，更蘋天苇地⑨，点缀些翠羽丹霞⑩；莫孤负⑪：四围香稻，万顷晴沙，九夏芙蓉⑫，三春杨柳。

（下联）数千年往事，注到心头。把酒凌虚⑬，叹滚滚英雄谁在？想：汉习楼船⑭，唐标铁柱⑮，宋挥玉斧⑯，元跨革囊⑰；伟烈丰功，费尽移山心力，尽珠帘画栋⑱，卷不及暮雨朝云⑲，便断碣残碑，都付与苍烟落照，只赢得：几杵疏钟，半江渔火，两行秋雁，一枕清霜。

注释

①五百里滇池：滇池，古称滇南泽，又名昆明湖。远年湖面广阔。

②披襟：解开衣衿；岸帻：典出"汉光武帝岸帻见马援"，岸作"高推"解，帻是头巾，岸帻即推开头巾。

③神骏：指滇池东面的金马山。

④灵仪：指滇池西面的碧鸡山。

⑤蜿蜒：指滇池北面的陆山，俗称长虫山、蛇山，蜿蜒形容山势似蛇

的屈曲爬行。

⑥缟素：指晋城以西五里白鹤山。山在滇池之南，亦在大观楼南方。

⑦蟹屿螺洲：指滇池中的小岛屿、小沙滩。

⑧风鬟：指蓬松高髻；雾鬓：指双鬓梳得像薄雾。唐王建《宫词》有："翠髻高丛绿鬓虚"句，宋苏轼《洞庭春色赋》有："携佳人而往游，勒雾鬓与风鬟"句，都是形容美女的头髻颊鬓。这里是指薄雾中摇曳的垂柳。

⑨蘋：是一种水生隐花植物，叶分四片，飘浮于水面；苇：芦苇，秋末冬初，开穗形浅红花。

⑩翠羽：绿翠雀的羽毛；丹霞：红色的云霞。

⑪孤负：陆树堂原写"辜负"，岑毓英叫赵藩重书长联改作孤负，盖词见李陵答苏武书："陵虽孤恩，汉亦负德"，又云："孤负陵心"。

⑫芙蓉：古诗文所称芙蓉有二种：一种指木芙蓉，陆生，在秋天开花；一种指莲花，水生，夏天开花。这里与九夏连称，九夏指夏季九十日，这季开的是莲花。

⑬把酒凌虚：对着虚空举起酒杯。

⑭汉习楼船：《汉书》记载："越嶲昆明国，有滇池……故作昆明池象之，以习水战"。《史记·平准书》："武帝大修昆明池，治楼船……"都是说汉武帝刘彻，因洱海地区昆明族阻碍汉从昆明湖（洱海）通印度的去路，要练水军以讨伐他。

⑮唐标铁柱：《新唐书·中宗本纪》载："景龙元年（公元707年）吐番及姚州蛮寇边，姚嶲道讨击，使唐九征败之"。《新唐书·吐番列传上》："虏以铁垣梁漾濞二水通西洱蛮，筑城戍之。九征毁垣夷城，建铁柱于滇

池（洱海）以勒功"。徐树丕《识小录》："唐御史唐九征，立铜柱（疑系铁柱之误）于点苍之澜溪"。又阮福《滇南古今石录》："赵州（今凤仪）之南弥渡镇，有铁柱庙"，庙内铁柱有直行阳文隶书："维建极十三年岁次壬辰四月庚子朔十四日癸丑建立"。建极是南诏世隆年号，建极十三年系公元872年，即唐懿宗咸通十三年，弥渡铁柱也是唐时南诏遗物。

⑯宋挥玉斧：《续资治通鉴·宋纪》："王全斌既平蜀，欲乘势取云南，以图献；帝（宋太祖赵匡胤）鉴唐天宝之祸，起于南诏，以玉斧画大渡河以西曰：此外非吾有也。"玉斧系文房玩物，一说是头上饰物，又有说为杖头玉饰。"宋挥玉斧"，是说宋代没有统一云南边疆。

⑰元跨革囊：《元史·宪宗本纪》：南宋宝祐元年（1253年）"忽必烈（元世祖）征大理，过大渡河，至金沙江，乘革囊皮筏以渡"。革囊，就是羊皮筏子，今黄河上游尚多用以渡人。

⑱珠帘画栋：宫廷所挂帘幕和雕梁画栋。唐·王勃《滕王阁诗》："画栋朝飞南浦云，珠帘暮卷西山雨。"

⑲暮雨朝云：指封建帝王像朝云暮雨一样变化得快，终于烟消雾散。见上句唐·王勃《滕王阁诗》。

长联浅译

上联：

五百里的滇池，跃入我的眼里，

敞开衣襟、推开冠戴，

可喜这茫茫沧海空阔无边。

看：东面的金马山像奔腾的"神马"，

西岸的碧鸡山像飞翔的"凤凰"，

北面的长虫山像起伏爬行的"长蛇"，

南边的白鹤山像羽毛洁白的"仙鹤"。

高士诗人啊！

何不趁这良辰登上高楼，观赏那：

蟹样大的岛屿、螺样小的沙洲，

晨光摇曳的浓树翠柳，

像少女梳裹蓬松的发髻；

弥天的蘋叶，漫地的芦花，

点缀上翠绿的鸟羽，灿烂的红霞。

尽情观赏吧！莫辜负江山锦绣如画——

四围的香稻，

万顷的晴沙，

九夏的芙蓉，

三春的杨柳。

下联：

几千年往事涌到心头，

我举杯仰对虚空，

叹水流滚滚、英雄何在？

想：汉武帝为开通西南，在长安凿池习战；

唐代远征边陲，立纪功的铁柱于洱海边；

宋太祖挥玉斧以大渡河为界，置西南于界外；

元世祖跨皮筏南渡，平定云南。

拓土封疆的伟烈丰功，费尽了移山心力，匆匆又改朝换代。

才是"画栋朝飞南浦云"，又见"珠帘暮卷西山雨"，

一个个朝代，兴起、灭亡只在一瞬间，帷幕都卷不及就已消逝，

纪功碑成了残碑，

倒卧在苍烟夕照之中。

到头来只留下：晚景凄然——

古刹稀疏的钟声，

渔舟点点的灯火；

两行惊寒的秋雁，

一枕黄粱的寒霜。

注：《长联注释》、《长联浅译》参考昆明志编纂委员会资料。

二、名楼春秋

——历代名人与近华浦开拓

太华山下水如油，云净沙明逼晚秋。

第一风光谁识得？哲人先上大观楼。

——清·杨丽拙

沐 英

明洪武年间曾在近华浦东北面兴建"西园"，又称黔国别业，建有簇锦楼、君子亭及水云乡莲池。地方志记载，沐英最早开发近华浦，距今已六百多年。

沐英画像

沐英（1344~1392），明凤阳府定远人，字文英，少孤，朱元璋收为养子。随军转战南北，屡立战功崭露头角，封西平侯。洪武十四年（1381年）朱元璋命颍川侯傅友德、永昌侯蓝玉、西平侯沐英率三十万大军征云南。洪武十六年（1383年）傅友德、蓝玉班师回南京，沐英留镇。沐氏家族世袭统治云南，共十二世、十六王（公），长达264年。沐英留镇云南，大兴军屯、民屯，中原数十万人口入滇，中原文化在云南迅速传播，云南民族人口结构发生重大变化。

沐英建西园，明·嘉靖顾养谦《滇云纪胜书》载："山茶花在会城者，以沐氏西园为最，西园有楼名簇锦，茶花四面簇之，凡数十树，树可三丈，花簇其上，数以万计，紫者、朱者、红者、红白兼者，映目如锦，落英铺地，如坐锦茵。"

明·万历《云南通志》载：

西湖在府治西，周四里，即滇池上流。蒲藻长青，人多泛舟，俗呼为草海子。中有黔国莲池，匾曰水云乡。

　　明·天启《滇志》载：

　　西湖，在滇池上流，又名积波池。周五里许，荇藻长青，兰桡画舸所之。多产衣钵莲花，千叶蕊，分五色。外丰葭菼，内阜川禽，俗曰青草湖。近城可一里，有亭榭曰鱼池，实莲池也，颜其亭曰"君子"。

　　明末清初顾祖禹（1624~1680）

　　《读史方舆纪要·云南纪要》载：

　　西湖，在府城西，即滇池上游也，亦名积波池，俗曰草海子，又曰青草湖。周五里，蒲藻常青，为游赏之胜。

　　《清一统志·云南志·古迹》：

　　水云乡，在西湖，明黔国公别业，一名西园。有楼名簇锦，山茶树四面簇之，故名。又有鱼池，前人题咏最多。

　　明·弘治十五年（1502年）进士、中书舍人何景明《九日黔国后园》二首：

> 何处风烟消客愁？将军台榭枕山邱。
>
> 一年又过重阳日，两鬓空悲万里秋。
>
> 水国阴多寒已至，炎方霜后瘴初收。
>
> 凭高欲送登临眼，更上池边百尺楼。
>
>
> 天空远水明秋岸，梧叶萧森枫树残。
>
> 黄菊数从行处见，紫萸独向醉中看。
>
> 浮云楼观滇城暮，落日山川驿道寒。

忍忆登高去年客，慈恩湖阁共凭栏。

清·乾隆年间寒士孙髯《谢方伯钱公粮宪钱公》五律：

　　仙掌云中出，烟波压画垣。

　　法王新梵宇，黔国旧名园。

　　卷缦来春色，登楼见海门。

　　沧浪书屋外，旭日满江村。

徐霞客

　　徐霞客在《滇游日记》中，描绘了出昆明城西南门（小西门），经运粮河抵近华浦入草海的景象，是明末近华浦的写照。

　　徐霞客（1586~1641），名弘祖，字振之，号霞客，明常州府江阴人。明末著名的地理学家、旅行家。他于崇祯十一年（1638年）进入云南考察，崇祯十三年二月木增派人护送出滇，历时三年。他在云南跋山涉水，徒步考察，几历险境，足迹遍及滇东、滇西、滇南，逐日记载，真实描绘云南的山川风物，为后世留下一幅幅珍贵的历史画卷。

徐霞客画像

　　《徐霞客游记·游太华山记》（摘录）：

　　出省城，西南二里下舟，两岸平畴夹水。十里田尽，葭苇满泽，舟行深绿间，不复知为滇池巨流，是为草海。草间舟道甚狭，遥望西山绕壁东出，削岸排空，则罗汉寺也……

吴三桂

吴三桂统治云南期间，主持疏挖了小西门外由篆塘至近华浦通草海的河道，称"运粮河"，即今之大观河。

吴三桂（1612~1678），明末高邮人，辽东籍，字长伯，出身武举，累擢宁远总兵，封平西伯。崇祯十七年（1644年）李自成攻入北京，崇祯帝自缢煤山，义军大将刘宗敏强占吴三桂爱姬陈圆圆，吴三桂"冲冠一怒为红颜"，引清军入关，李自成败退秦川。吴三桂受清封平西王。清顺治十五年（1658年）率军入滇，穷追南明永历帝朱由榔。康熙元年（1662年）逼死永历帝于金蝉寺，清廷加封"平西亲王"。康熙十二年（1673年）清廷削藩，吴三桂反清。康熙十七年（1678年）三月衡州称帝，国号"周"，年号"昭武"，同年八月暴病死于衡州。

清光绪·湖北襄阳均州正堂舒藻《创建重建大观楼碑记》记载：

近华浦何为而名也，以浦近太华山而名焉。浦中突起一岛，芳草平铺，垂杨四绕，俨然踏青拾翠之场。前明有楚僧卓锡于此，结茅讲经，四方行

吴三桂画像

脚僧、听经者，往来不绝，因创一刹，曰"观音寺"。迨至国朝，以吴三桂为平西王镇滇，乃由近华浦东向会城开挖一河，计长十里有奇，曰"运粮河"。复于会城小西门外里许，开一塘曰"篆塘"。塘之前建盖仓廒。粮船由滇海进运河，直抵篆塘，粮米入仓，甚为便捷也。由是，迤西州县，沿海一带，官商客旅，楫楫而来，帆帆而去，荟萃于篆塘，称巨津焉……

王继文

清康熙二十九年（1690年），云南巡抚王继文在近华浦大兴土木，挖池筑堤，种花植柳，始建大观楼、澄碧堂、涌月亭、观稼堂，近华浦成为"远浦遥岑，风帆烟树，擅湖之胜"的湖山游览胜地。

王继文（？~1703），清汉军镶黄旗人，字在兹，一作在燕，顺治间由官学生考授编修，累擢江西饶九南道。清康熙十三年（1674年）征讨吴三桂叛清，授云南布政使。康熙二十年（1681年）任云南巡抚。康熙三十三年擢云贵总督。康熙三十七年（1698年）老病归里。王继文是康熙年间著名书法家。在滇期间，对拓殖云南风景名胜有着杰出贡献。始建大观楼即王继文任云南巡抚期间。

据康熙《云南通志》记载，大观楼始建于清·康熙二十九年（1690年）：

康熙二十九年（1690年），巡抚王继文巡察四境，路过此地，看中这里的湖光山色，命人鸠工备材，修建亭台楼阁……因取名大观楼。（见《云南风物志》）

清雍正《云南通志》：

康熙二十一年建观音寺，"后巡抚王继文、石文晟，布政使佟国勷相继建涌月亭、大观楼、澄碧堂，远浦遥岑，风帆烟树，擅湖山之胜……"

清道光《昆明县志》：

观音寺，先是康熙二十一年楚僧乾印始结茅庵一椽，讲妙法莲华经，听者常千人。后巡抚王继文、石文晟，布政使佟国襄相继建涌月亭、大观楼、澄碧堂于其畔，远浦遥岑，风帆烟树，擅湖山之胜矣。

清同治马如龙《重建大观楼记》载：

其地在康熙时，为楚僧乾印结茅讲经处，未尝有楼也。越数年，抚军王公继文、石公文晟、方伯佟公国勳，极勤民事，往往省耕，由省城西关外篆塘，舟行十里许，至近华浦，舍舟缘岸，叩茅庵小憩……遂审曲面势，拓茅庵地，建楼二层，颜曰大观。

清光绪舒藻《创建重建大观楼碑记》：

王公继文抚滇，政通人和，世界重新，巡察四境，问民疾苦，省耕观稼，舟过浦岛，相度地势，堪为公馀憩息之所，鸠工备材，创建一楼，颜曰"大观"。周围添筑外堤，夹种桃柳，点缀湖山风景。适当滇海之滨，从此高人韵士，选胜登临者无虚日，遂为省城第一名胜。此王公之创建大观楼也。

翟锦观

清道光八年（1828年）翟锦观重修大观楼，将原来二层增建为三层。

翟锦观，贵筑人，清道光年间云南按察使。生平事迹不详。

清道光《昆明县志》记载：

大观楼"道光八年，按察使翟锦观重修。"

清·同治马如龙《重建大观楼再记》载：

其地在康熙时，为楚僧乾印结茅讲经处，未尝有楼也。越数年，抚军王公继文、石公文晟、方伯佟公国勋，极勤民事，往往省耕……至近华浦，舍舟缘岸，叩茅庵小憩。喜淡烟浓翠，近浦遥岑，蔚然深秀，掩映如画，慨然有创修志。归谋僚属，遂审曲面势，拓茅庵地，建楼二层，颜曰大观。下建涌月亭、澄碧堂佐之。迨道光八年，廉访翟公锦观增为三层，要皆为卿大夫省耕劝农之所。

马如龙

清同治三年至同治五年（1864~1866）马如龙重建现存大观楼。

马如龙（？~1891）原名马现，建水人，清武庠生。咸丰间云南回民起义，马如龙起兵澄江，自立为师，据新兴、昆阳八城，进逼省城。同治元年（1862年）降清，授总兵，入驻省城，辅佐岑毓英镇压回民起义。后马荣杀云贵总督潘铎，据省城，马如龙擒杀马荣，升任云南提督，得"效勇巴图鲁"称号。同治六年（1867年）杜文秀攻昆明，马如龙解省城围，进勇号为"法升尚阿"，实授云南提督，与岑毓英合攻大理，杜文秀起义失败，马如龙赐穿黄马褂，后调湖南提督。光绪四年归居重庆，光绪十七年病卒。

马如龙《重建大观楼记》：

昆垣多山而少水，故滇池称巨浸焉。池之湄有浦曰近华，以其近太华山而名。浦有埠，筑垣以蔽之，后为梵宇。临池建楼三楹，凡三层，额曰大观。登斯楼也，瞻瞩伟甚，乡之人朝游而暮返者无虚日，向为会城名胜地，载之志乘，兹不具论。岁丁巳，毁于火，予过而怃然，以时艰故，不遑顾也。今军书少暇，爱谋所以兴之者，或曰："成毁之数，岂独物然，何区区者而先务也？置之。"便或曰："复前人之规易为力，且名归焉，新之。"便是二说者，余尝鄙之。夫有废必兴，有作斯述，何必在楼，亦何必不在楼？集贤之院，延宾之馆，游观云乎哉！乃于农隙，鸠工庀材，费几千缗而落成。楼之后为涌月亭，亦修葺之。余喜厚其墙垣，固藩篱也；遴其杞梓，备梁栋也；重门洞开，胸无城府也；登临远望，目无障翳也。抑有感焉，今之雕甍画槛，非即昔之废址颓垣乎？无平不陂，无往不复，余之重建斯楼，此物此志也！夫，是为记。

同治五年岁次丙寅季春建水马如龙撰

孙铸

清同治三年（1864年）马如龙重建大观楼，函邀远在直隶的孙铸书楼匾，孙书匾额迟迟至昆，楼早竣工，已挂李澉泉所书匾额。孙铸所书刻成石匾，民国八年唐继尧重修大观楼，将孙铸所书石匾嵌于公园大门。

孙铸，号海楼、铁舟，别号铁器，呈贡县太平村人。清嘉庆二十四年（1819年）举人，道光二十九年（1849年）拔贡。自幼锐意书画，涉猎山水，敦意写实，迭创佳作。绘画传世有《香山枫叶图》、《煤山遗恨图》、《老圃黄花图》、《春江水暖图》、《椿萱并茂图》、《光冲霄汉图》等。书法笔力雄浑，逼肖柳公权（字诚悬），尤擅隶书，书家评为"驾乎唐汉"。滇中匾额多出其手。大观楼榜书，雄厚苍劲，端庄凝重，被视为珍品，为中国名楼大观楼增色。

大观楼（匾嵌于园门）孙铸书

马少云跋：

先君子云峰军门重建大观楼，询知原额为王在兹中丞手书，海内名流，钦慕而传称久矣，不可复得。因思堪以继美中丞书者，有吾滇孙铁舟先生，在直隶刘荫渠制军幕中，遥遥万里，特具函邮请手书。嗣大观楼落成，手书未至，爰集会城诸名手商订，咸推李君漱泉书立。立后迟之又久，先生手书乃至，诸名流曰："墨宝也，宜什袭而珍藏之，以待传世。"又思藏之以待传世，使人不得见，何如刻之，使人共见以寿世。于是慎选石工，刻之于石，以终先君子邮请手书之意焉。

唐继尧跋：

右大观楼三字，为呈贡孙铁舟先生所书，笔力雄伟，逼肖诚悬（柳公权字诚悬）……

舒藻

清光绪二十年（1894年），昆明九十老人舒藻撰《创建重建大观楼碑记》，详细记载近华浦建观音寺，吴三桂开挖运粮河、篆塘码头，王继文创建大观楼，楼毁于兵燹，马如龙重建大观楼的经过。这块碑是记载大观楼历史比较系统的史料。

创建重建大观楼碑记

近华浦何为而名也，以浦近太华山而名焉。浦中突起一岛，芳草平铺，垂杨四绕，俨然踏青拾翠之场。前明有楚僧卓锡于此，结茅讲经，四方行脚僧、听经者，往来不绝，因创一刹，曰"观音寺"。迨至国朝，以吴三桂为平西王镇滇，乃由近华浦东向会城开挖一河，计长十里有奇，曰"运粮河"。复于会城小西门外里许，开一塘曰"篆塘"。塘之前建盖仓廒。粮船由滇海进运河，直抵篆塘，粮米入仓，甚为便捷也。由是，迤西州县，沿海一带，官商客旅，楫楫而来，帆帆而去，荟萃于篆塘，称巨津焉。嗣因吴三桂反，干戈扰攘，观音寺毁于火。天子震怒，选将遣兵、誓师西征，随经王师威宣万里，殄灭吴三桂祖孙，歼除丑类，滇疆平定。朝廷简王公继文抚滇，政通人和，世界重新。巡察四境，问民疾苦，省耕观稼，舟过浦岛，相度地势，堪为公余憩息之所。鸠工备材，创建一楼，颜曰"大观"。周围添筑外堤，夹种桃柳，点缀湖山风景。适当滇海之滨，从此高人韵士，选胜登临者无虚日，遂为省城第一名胜。此王公之创建大观楼也。二百余年以来，楼无恙焉。咸丰六年，岁在丙辰夏六月，变起仓猝，贼由东南西三面来寇省。其由海而来者，中过近华浦，举火将大观楼烧毁，并将后院道光年间善知识净乐僧所建、五间三层华严阁，高出大观楼丈余，左右厢楼、观音前殿，同归灰烬，何异楚人一炬，可怜焦土。汉回互斗，数载兵连祸结不休。同治元年壬戌正月朔日，有临安建水县回籍武生马公如龙，起而排解，创和汉安回之议。除迤西回目杜文秀梗议，公率东南两迤，云武二属回众，叩省求抚。大宪据情入告，蒙天子鉴明衷曲，嘉其世传忠勇，赤心报国。同治二年夏六月，授公为云南全省提督军门，坐镇省城，办理军务。先是张制军告病而去，后是徐抚军革职卸任。省城无督抚者，前后七年。马公秉政，祗分顺逆，不论汉回，逆剿顺抚，省城大治。同治三年甲子仲冬，马公操兵演练．舟过近华浦，见其岛屿蔓草荒烟，一片凄凉。垂询海滨父老，答以大观楼被毁原委。公太息弗已。不惜出捐重资，构材饬工重建。经始于同治三年仲冬，落成于同治五年季春，仅及年余，瓦砾之场，依然金碧之区，仍复省城第一名胜。此马公之重建大观楼也。至于王公创建，

马公重建以后，其同名公钜卿，某公培补，某公增其旧制，某公扩其工程，以俟览胜者考而补记。兹恐王公、马公之创建、重建，久而淹没也，特将创建重建两事约略记之如此。韩昌黎云："莫为之前，虽美弗彰。莫为之后，虽盛弗传。"夫彰美传盛，其王马二公之谓欤。

诰授奉直大夫赏戴花翎特授湖北襄阳府均州正堂加三级癸卯科举人昆池九十老人香谷舒藻撰文

钦加理问衔赏戴蓝翎吏部遇缺前先选用县丞建水月生马万选书丹

大清光绪贰拾年岁在甲午孟秋月吉旦大观院住持僧圆灿立石。

尽先补用把总那秀镌字。

岑毓英

岑毓英于光绪九年（1883年）重修大观楼，请三迤名士赵藩楷书孙髯翁大观楼长联刊刻悬挂。

岑毓英（1829~1889），字彦卿，号匡国，广西西林人，清附生。道光间以诸生从军，咸丰七年带兵入滇镇压回民起义。先后任宜良、路南知县，升澄江知府。领兵助攻杜文秀义军，招抚马如龙，同治元年署云南布政使。同治七年授云南巡抚。同治十一年攻大理，杜文秀自杀，岑毓英加太子少保衔。同治十三年署云贵总督。光绪五年授贵州巡抚，七年调福建巡抚，旋又调署云贵总督。光绪九年督师出越南，大败法军于宣光、临洮等地。光绪十五年加太子太保衔。卒谥襄勤，赠太子傅。

岑毓英任云贵总督期间，维修昆明风景名胜众多。光绪八年（1882年）法国侵占越南，侵略中国，岑毓英督师出征，临洮大捷，在历史上是值得肯定的。

滇督岑毓英致枢垣法犯临洮大败之电　附旨

　　法大股六千上犯临洮府，复分两枝，一北趋阿领、安平，一南趋缅旺、猛罗，抄我后。英饬汤聘珍、岑毓宝扼北路，王文山等扼南路，亲督覃修纲扼夏和、清波；中路王文山进入缅旺。各路营官在象山、梅枝、燕毛等处遇贼，皆有斩馘，贼遂并力临洮。二月初七日，贼数千图临洮、山韦社、田义甫各营，李应珍伏垒坚守，覃修纲以精锐驰援。初八日，援至。应珍突出与韦云清、洪如理俱负伤奋击，阵斩法兵千余，贼仍拒。诸军夹攻，战至亥，贼大溃。毙白衣法兵二百余，红衣法兵四百余，教匪千余，获械百余，战死法公使一、法酋七，法入越以来未受此巨创。

　　光绪九年二月二十六日旨："岑毓英电称：各军在临洮等处大获胜仗等语。该督运筹决策。足壮国威，有此大振，乘机结束，尤为得体。着即懔遵前旨，如期停战。一面整备撤兵，仍随时严防，以备不虞。此次出力员弁，查明从优保奏，候旨施恩。"

唐继尧

　　1919年，唐继尧将大观楼辟为公园，重修公园拱券式大门。1927年唐继尧病逝，葬昆明圆通山。1936年云南省政府为其在意大利铸成戎装骑洋马铜像，次年七月安装于近华浦广场。

　　唐继尧（1882~1927），字蓂赓，别号东陆大主人，云南会泽县人。清庠生，留学日本，入东京振武学校，旋进金泽联队及士官学校，同盟会员。1909年回滇历任云南陆军讲武堂教官、监督。1911年参与策动昆

明辛亥重九起义。1912年率军北伐，任贵州都督，次年调任云南都督。1915年组织发动和领导护国讨袁运动。1917年护法运动中任靖国联军总司令、元帅。唐继尧在云南创建东陆大学，全国第一所航空学校，云南第一个飞机场，支持辑刻《云南丛书》，重视公园建设、保护森林资源。

唐继尧一九一九年将孙铸所书"大观楼"三字嵌诸公园大门所撰跋识：

右大观楼三字，为呈贡孙铁舟先生所书，笔力雄伟，逼肖诚悬。同治丙寅马云峰军门重建此楼时，先生在直隶刘荫渠制军幕中，允军门请书此寄滇。既至而工竣巳久，遂藏之家。光绪甲午，军门诘嗣少云观察检出上石，以事不果。立后楼，经屡修，字仍沉没。己未夏孙荫堂、陈念祖两君在事督工，得之于瓦砾中，乃举而嵌诸壁。先生此书与楼不朽矣。会泽唐继尧识。

庾恩锡

1927年，庾恩锡在近华浦南面兴建中西合璧"庾庄"私人别墅，即今之大观楼南园组成部分。1929年，庾恩锡任昆明市长，仿杭州西湖规划修葺近华浦，形成"三潭印月"、"平湖秋月"等景点。

庾恩锡（1886~1958），字晋侯，晚号空谷散人，云南墨江县人，云南知名实业家。留学日本期间攻读园艺。其兄庾恩旸，云南辛亥重九起义、护国运动名将，1918 年遇刺身亡。1920 年唐继尧爱屋及乌，让庾恩锡出任云南水利局长。庾恩旸旧部龙云任省主席期间，1929 年举荐庾恩锡出任昆明市长。庾恩锡在园艺书画大师赵鹤清襄助下，对市属翠湖、古幢、金碧等公园进行改建，规划扩建大观公园。庾氏系民国年间对昆明园林有杰出贡献的园林艺术专家。庾恩锡的别墅，除大观楼庾庄，还有 1939 年在滇池西岸兴建的白鱼口空谷园，现为云南省工人疗养院。

庾恩锡《鼎建大观公园记》残碑：

鼎建大观公园记

（此碑佚首块）

……

为欲拓名胜，非改辟公园不可，欲辟公园，非大兴工程不可。仿泰岱之天门，则园门建诸数里外也。仿西湖之白堤、苏堤，则三桥鼎峙，圜浦可通人行也。增一榭如秋月平湖，峙三塔如三潭印月。规矩草准绳树，绘素花丈尺椅，如棋枰，如屏藩，率仿西人之布置。昆海茫茫，陆弱于水，则填海以伸之。陆地平平，石磊于云，则移山以蠹之。洞明窟幽，径曲峰直，则塑佛像以崇之。晋常璩、宋范晔、魏郦道元皆曰："滇水倒流"。则浚其源，奥其港，歧其汉，潆其波，使之有澄渺洄溯之势。然后告之民众，人人皆乐，日日娱游，庶几副公园之名而无愧焉。矣，斯楼亦在水中央，近始通陆，长堤入市，故隶之昆明市。余忝市长之职，经营擘画，告成于重阳之日，伐石镌文，联纪胜迹。襄其事者：市政府参事吴绍璘、秘书长袁玉佑、财政局长华秀升、公安局长倪朝栋、工务局长张伟、社会

局长邓鸿藩、教育局长聂体仁、土地局长陈葆仁、公园经理李华、监工员陈庚，例得备书。

墨江庾恩锡晋侯记

遂宁吴绍璘渔沧书

中华民国十九年九月九日

赵鹤清

赵鹤清是云南清末至民国年间著名的书画艺术家、造园大师。1929年参加策划建设大观公园，辟"三潭印月"、"平湖秋月"景点，兴建"楼外楼"，移建公园大门，垒"彩云崖"、"云起石"大型假山，修筑环湖长堤，对大观楼近华浦景区定型，作出杰出贡献。

赵鹤清（1866~1954），字松泉，云南姚安人。父赵子襄为清末河南南汝光道，随父在署就学，能书善画，尤擅山水花鸟，工篆隶及擘窝书法。光绪二十三年（1897年）乡试中举，入京会试不第，任京城八旗高等学堂图画教员。辛亥后回滇，先后任墨江县、澜沧县知事（县长），白盐井场知事。赵鹤清好游山水，苏杭、普陀无不涉足。诗词有《松泉词钞》等著作。民国四年（1915年）绘《滇南名胜图》六册，昆明崇文印书馆石印梓行。云南风景名胜多有赵鹤清诗词、绘画的摩崖题刻。

彩云崖观音大士石厂记

滇省西行六七里，有近华浦焉。明之前委诸荒烟蔓草，未尝有楼也。自楚僧乾印结茅于斯，为讲经之所，后之听讲者日众，乃建观音寺，是为开辟斯土之起源。至清康熙时，抚军王公继文省耕至此，建一楼于寺前，名曰大观。自孙髯题联而后，大观楼之名遂满天下。道光八年廉访翟公觐光增为三层。寺僧净乐又于寺后建华严阁五间三层，高于大观楼丈馀。咸丰丁巳楼与寺俱毁于兵燹。同治丙寅，提督马公如龙建复大观楼，而观音寺阙如，于是观音寺之名湮矣。民国三年民政长李公鸿祥创建马路，增修亭榭。本年春，主席龙公云：葺而新之，嘱鹤清垒石为山，名曰彩云崖。因彩云见于白崖为云南得名之始，故已颜之。爰于崖顶建石厂，祀奉观音大士，维曰告朔饩羊，无补事实，而保存古迹，官绅之责，载在民国典章。此建设石厂之微意也。历代修葺情形，大略如此。主其政者，市长庚君恩锡，与其事者，工务局长张君伟，科员陈君庚，社会局长邓君鸿藩，经理李君华，例得迹名，昭示来者。

中华民国十九年六月

姚安赵鹤清松泉氏撰并书

彩云崖歌

吾家住在彩云深，彩云朝暮荡胸襟。

彩云自来还自去，云来云去皆无心。

我爱绘彩云，亦爱垒白石。

有时看云峰，认白石之迹，

云峰石迹咸所适。石乃云之根，

云为石所喷。石有纹，云有痕。

云既可为石，石亦可为云，

云耶石耶两无分。我积数片石，

幻白云之态，勿谓彩云无定形，

遮莫彩云时时在。

民国十九年春磊石既成

歌以纪之 松泉赵鹤清

云起石

王摩诘句云：

行到水穷处，坐看云起时。

由滇垣陆行，至斯而极，非摩诘所谓之水穷处乎？余移此石于兹，适值民国五年之八月，云南起义告厥成功，爰借摩诘诗中"云起"二字名之，以作纪念云。

姚安赵鹤清松泉志

三、高原明珠

——滇池国家级风景名胜区

　　五百里滇池，奔来眼底。披襟岸帻，喜茫茫空阔无边！看：东骧神骏，西翥灵仪，北走蜿蜒，南翔缟素。高人韵士，何妨选胜登临，趁蟹屿螺洲，梳裹就风鬟雾鬓；更蘋天苇地，点缀些翠羽丹霞。莫孤负四围香稻，万顷晴沙，九夏芙蓉，三春杨柳。

　　　　　　　　　　　　　　　——清·孙髯翁

　　"五百里滇池，奔来眼底。"

　　滇池风景名胜区包括昆明城内城外、滇池、滇池沿岸及滇池四围群山的风景名胜。1988年国务院公布滇池风景名胜区为国家级风景名胜区。

　　滇池，又名昆明湖，位于东经102°36′~102°48′，北纬24°40′~25°02′，坐落在滇西横断山脉与滇东高原之间，是滇中高原的断层陷落湖，形成于约1200万年前的一次强烈地壳运动。滇池南北长40公里，东西宽3.5公里至13公里，面积约300平方公里。水最深处10米，蓄水15亿立方米，为我国第六大淡水湖。盘龙江、宝象河、金汁河、白沙河、永昌河等20多条河水注入滇池，形成滇池水系。滇池湖水波光粼粼，西南面海口为滇池唯一出水口，经螳螂川、普渡河注入金沙江，属长江水系。海埂长堤由东至西伸进滇池，埂南为滇池，埂北为草海。昆明坝子居滇池北滨。

滇池风光

花车巡游金马坊

　　昆明古城内，"三山一水"，五华山、螺峰山、祖遍山三山鼎立。翠湖"十亩荷花鱼世界，半城杨柳佛楼台"一泓秀水；"螺峰叠翠"千年古刹圆通寺；祖国西南珍贵动物饲养和展出地——昆明动物园；古香古色的文庙；城内最大的明代道观建筑群——真庆观；东、西寺塔和大德寺双塔巍然南北对峙；昆明城标金马、碧鸡坊相映生辉。盘龙江犹如碧绿玉带由北向南纵贯城中。具有历史纪念意义的绿色广场——胜利广场、护国广场、五华广场……璀璨夺目。俯瞰昆明城景，绿树成荫，高楼林立；浏览春城市容，新貌古颜交织，四季百花点缀。漫步昆明街头，春城的花容月貌，让人感到昆明古城日新月异。

　　滇池四面环山，东有金马山，西有碧鸡山，北有陆山（蛇山），南有白鹤山，山外有山，群山峰峦连绵起伏，郁郁葱葱，形成滇池和昆明坝的

天然屏障。滇池及四周葱郁的山峦，成为昆明独特的、大容量的自然风景景观，这就是滇池风景区的范围。

　　滇池四围群山中，风景名胜众多。西北面玉案山笻竹禅寺，泥塑五百罗汉被誉为"东方雕塑艺术宝库中的一颗明珠"，全国重点文物保护单位。还有妙高寺、法界寺、棋盘寺等众多名胜；北面龙泉山黑龙潭，潭深水碧，唐梅、宋柏、明茶被称为"三异木"；东北面鸣凤山金殿，全国最大的铜殿，"金殿凤凰鸣晓日，玉阶鹦鹉醉春风"，还有新建的国际花园——世界园艺博览园；东面金马山昙华寺，朱德碑文犹存，叠石奇峭，宝塔巍峨，花满庭院；西面葱山曹溪古寺，宋朝古殿，元梅横陈，圣水三潮，珍珠碧泉，三绝名

金殿朝晖

碑，还有明代就被誉为"天下第一汤"的碧玉温泉……踏遍滇池四围群山，风景名胜星罗棋布。

滇池地区，共有432处各级文物保护单位，其中有16处国家级、59处省级、100处市级、257处县区级文物保护单位。有革命遗址、烈士陵墓，有佛寺、佛塔、道观、桥梁、门楼、宅院等古建筑，有石窟寺、泥塑、古遗址、古墓群、碑刻等历代文物古迹。

沿滇池150公里的湖岸线上，分布着昆明、小板桥、官渡、呈贡、晋城、昆阳、海口、高峣、马街等大小城镇，其中，晋城和官渡是保存古寺、古塔、古建筑较多的古镇。汉、彝、回、白、苗、哈尼等多民族世代聚居在滇池周围，共同创造滇池地区的历史文化，繁荣这里的经济，形成滇池地区绚丽多彩的民风民俗。

小板桥，是滇池地区的一个民族集市贸易中心，镇上有"向夕庵"古建筑群，滇池地区最具有地方特色的集镇。

小板桥东南面的羊甫头村，已发现大规模两汉时代的古墓葬群，出土了大量以青铜器为主的珍贵文物。

环绕滇池，依山临水，形成众多风光绮丽的风景名胜区和疗养胜地。北面"万里云山一水楼"的中国名楼大观楼，"万顷晴沙"的海埂公园，民族风情浓郁的云南民族村。湖西岸，云南第一风景名山——西山风景名胜区，花红水碧、霞光掩映的西园别墅，山势飞来，湖光俯映的观音山风景疗养区，岸柳阴翳、荷塘鱼跃的白鱼口风景疗养区。西南岸，滇池出水口——海口有白鹤桥川字闸、石龙坝水电站等众多的名胜古迹。滇池南端，松柏苍翠的月山之巅，建有郑和公园，还有普照寺风景名胜区。滇池东岸，

西山龙门

晋城的盘龙寺名胜，呈贡的三台山公园，斗南花卉基地……环绕滇池沿岸，
何处景色不迷人？

沿环湖公路从西至东绕滇池一周：华亭山麓，草海"围湖造田"形成
的沼泽地，省市政府已规划建设草海文化公园。高峣升庵祠、普贤寺胜迹，
恢复为杨慎（升庵）和徐霞客纪念馆。西山罗汉崖绝顶，峻石林立，兴建
山巅揽胜风景区，气势磅礴。

过挂榜山，大鼓浪屿、小鼓浪屿两大湖湾一派湖滨田园风光，西华街
小镇上，有"云海庵"佛寺建筑群。观音山位于滇池西面中部，湖光山势
秀丽峻拔。往南是白鱼口，临湖山势"兀突离奇"，山岩幽深，林木翁郁，
湖水明净，有自流温泉，已开辟公共游览区，成为疗养与度假游览结合的
湖滨游览胜地。

白鱼口再往南，沿仙人洞、花猫嘴、浪泥湾行四公里至海口，海口有
大型天然石城公园。海口向南，达滇池南端昆阳镇。

滇池东南面，仙鹤山濒临滇池，"十里岩"石峰高耸，北方天王像浮雕，
俗称"石将军"，相传是大理地方政权时期的遗物，石峰顶，是天然的"石城"。
石将军西南二里，"海水中石突丛丛，是为牛恋石"，湖滨渔村，称牛恋
乡。牛恋乡南面，有"水清鱼肥"的"金线洞"，泉水从山洞中向滇池涌出，
山石名胜，渔村涌泉。牛恋乡西北面石寨山，出土了大量两汉的青铜器、
陶器和著名的金质"滇王之印"。

滇池地区历史文化的发祥地——晋城镇，是古滇池县遗址，保存着大
量佛寺、道观、清真寺等古建筑群及文物古迹。晋城东面三里，是"山秀泉幽"
的盘龙古寺，寺庙经过修葺，绿化恢复"万松葱郁"的历史景观。晋城西

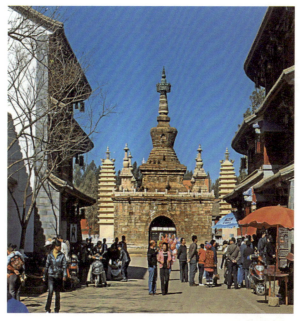

官渡古镇

面海滨，新街一带，河湾交织，绿树摇曳，古寺石桥，碧水龙潭，田园渔村风光旖旎秀丽。

呈贡乌龙堡石子河的关山，伸进滇池，靠湖山势陡峭，山上果林繁茂，历史上是呈贡著名的果园风景区。三台山高踞呈贡城之上，这里已经建成三台山公园。呈贡西北面，临湖的彩龙村一带，五公里长的细腻沙滩，柳树林像一条宽阔的碧带，称柳林。邻近彩龙的斗南村，昆明国际花卉基地。呈贡县经过几年建设，成为昆明呈贡新区，市级行政机关及大学城落户呈贡，一个现代化的昆明东城区在这里崛起。

对昆明历史文化名城的保护，滇池水系污染的全面治理，滇池国家级风景名胜区随着云南旅游业的发展，呈现绚丽多彩的风姿。

四、古城沧桑
——昆明历史文化名城溯源

数千年往事，注到心头。把酒凌虚，叹滚滚英雄谁在？想：汉习楼船，唐标铁柱，宋挥玉斧，元跨革囊。伟烈丰功，费尽移山心力，尽珠帘画栋，卷不及暮雨朝云；便断碣残碑，都付与苍烟落照。只赢得几杵疏钟，半江渔火，两行秋雁，一枕清霜。

——清·孙髯翁

古城沧桑

"数千年往事，注到心头。"

孙髯翁长联下联，高度概括云南汉唐宋元几件重大历史事件，预示几千年封建社会终将没落的必然性。正如陈毅读孙髯翁长联赋诗所云："滇池眼中五百里，联想人类数千年。腐朽制度终崩溃，新兴阶级势如磐。诗人穷死非不幸，迄今长联是预言。"

昆明历史文化名城，在历史的长河中，流淌了数千年，回溯昆明建城

大观楼（黄昏）

的历史，加深对长联描述"数千年往事，注到心头"的认识。

战国庄𫏋故城

《史记·西南夷列传》记载："始楚威王时，使将军庄𫏋将兵循江上，略巴、黔中以西。庄𫏋者，故楚庄王苗裔也。𫏋至滇池，地方三百里，旁平地，肥饶数千里，以兵威定属楚。欲归报，会秦击夺楚巴、黔中郡，道塞不通，因还，以其众王滇，变服，从其俗，以长之。"

昆明古城，始于战国时庄𫏋入滇所筑。清末经济特科状元袁嘉谷先生在《庄𫏋考》中考证："𫏋至滇池，意必傍池立国。观汉武帝时，𫏋裔常羌，以其国降，置益州郡，附郭即为滇池县，可知𫏋之国治，在今晋宁。"晋宁县晋城镇，是庄𫏋故城，这已为史家所公认。

范晔《后汉书·西南夷列传》记载："楚顷襄王时，遣将庄豪（即庄𫏋）从沅水伐夜郎，军至且兰，椓船于岸而步战。既灭夜郎，因留王滇池。"《史记》、《汉书》均记载庄𫏋是楚威王（前339年至前329年在位）时将军，而《后汉书》记载庄𫏋是楚顷襄王（前298年至前263年在位）大将，前后相距几十年，史学界引起争论，至今尚无定论。战国时庄𫏋王滇，在滇池东岸设城，是昆明设治立城之始，史学界的看法是一致的。昆明城的始建，距今已有2300余年。

汉益州郡滇池县

"汉习楼船"，汉武帝刘彻为征服昆明族，打通达印度通道，在长安开凿昆明池，造楼船，训练水军。当时昆明族的昆明池指的是大理洱海。《史

记·西南夷列传》载："元封二年（前 109 年），天子发巴蜀兵击灭劳浸、靡莫，以兵临滇。滇王始首善，以故弗诛。滇王离难西南夷，举国降，请置吏入朝。于是以为益州郡，赐滇王印，复长其民。"

晋·常璩《华阳国志》载："晋宁郡，本益州也。元鼎初，属牂柯、越巂。汉武帝元封二年（前 109 年），叟反，遣将军郭昌讨平之，因开为郡，治滇池上，号曰益州……"

历代史料均记载汉武帝元封二年（前 109 年）滇中庄蹻后裔常羌叛乱，汉武帝派遣将军郭昌平息叛乱，遂在滇中设置益州郡，益州郡的郡治即在晋宁（今昆明晋城）。汉代益州郡郡治称"滇池县"。

1955 午至 1960 年，考古学家四次发掘晋宁石寨山滇王家族墓地，在六号墓出土了金质"滇王之印"，进一步证实了《史记·西南夷列传》的记载是确切的。

袁嘉谷先生对汉武帝讨伐滇王常羌，常羌降汉，仍被封为"滇王"，汉武帝赐常羌滇王金印，令其"复长其民"这段历史，进行过详细考证，并在晋城镇撰题"汉益州郡滇池县治故址"碑，由进士名儒陈荣昌先生书写。汉代的"滇池县"在滇池东岸晋城，无可争议。

汉代班固撰《汉书》，《汉书·地理志》记载益州郡辖二十四县，其中除滇池县还有个"谷昌"县，又称"苴兰城"。谷昌城系西汉元封二年郭昌征滇中时所置的县城。唐代樊绰撰《云南志》，又称《蛮书》，在"云南城镇第六"中记载，拓东城"城之东十余里有谷昌村，汉谷昌王故地也。"明《寰宇通志》记载："苴兰城在云南府城北十余里，楚庄蹻王滇时所筑，一名谷昌城。"说明郭昌筑谷昌城是在苴兰城的基础上建城。谷昌县的县城及其地理位置，《大清一统志》云："谷昌旧城在城北三十里。"《新建谷昌坝记》记载："坝址在谷昌县旧址，附近有谷昌村，今不存。"谷昌坝即今之松华坝，诸多历史资料证明，西汉谷昌县位于盘龙江上游松华坝附近。远在西汉时，滇池东岸有滇池县，北岸有谷昌县，这是长联所云"汉习楼船"时期发生在昆明的一段建城史。

隋昆州城

隋代在中国历史上，仅隋文帝杨坚、隋炀帝杨广两帝三十八年。据《滇考》记载，隋文帝开皇初年，滇中爨震、爨玩遣使朝贡。隋文帝命韦世冲以兵戍之，置恭州、协州、昆州，又置牂柯。开皇十七年（597年）爨玩归降，隋文帝诏为昆州刺史。第二年，爨玩反叛，隋乃遣太平公史万岁为行军总管南征，平息叛乱，"爨玩入朝谢罪，帝杀之，没入其子宏达为奴。"直到唐高祖武德元年（618年），即唐代开国之年，李渊下诏改益州郡为昆州，释放爨宏达回滇，诏为昆州刺史。

隋代昆州又称昆川。昆州州治益宁城遗址，现在无法确指。清代学者师范考证："废益宁县在城西（指明、清昆明砖城城西），唐时昆州治也。"唐·樊绰《云南志》："昆池，在拓东城西南，昆州因水为名也，土蛮亦呼名滇池。"方国瑜先生据此考证，"昆州在滇池旁。"《中国历史地名辞典》说得很具体："昆州，隋置，治所在今云南昆明市西郊马街附近。"

昆州城遗址至今无考古资料证实。隋代至唐初，昆明称昆州、昆川，昆州益宁县城位于滇池西岸，这是史载无疑的。

唐南诏拓东城

长联所云"唐标铁柱",指唐中宗李显在景龙元年(707年),派御史唐九征击退吐蕃寇边,统一洱海地区,立铁柱于滇池(指洱海)以勒功。初唐洱海地区有六诏,《南诏野史》载:唐开元二十年(732年),南诏蒙舍诏皮罗阁在巍山筑大松明楼敬祖于上。"使人谕五诏:六月二十四日祭祖,不到者有罪。""二十四日,诸诏登楼祭祖,享胙食生。至晚,酒醉。皮罗阁独下楼焚钱放火,以兵围之。火发楼毁,四诏俱死。""至今,滇中以此日为火把节,志恨也。"皮罗阁灭五诏,连陷邓川、永昌、石鼓、沙追赕、龙佉赕等地,云南以西,尽为所有。接着皮罗阁击吐蕃,破剑川、浪河二蛮。开元二十六年(738年)春,皮罗阁入朝,被赐名"归义",封为越国公,册授云南王。其子阁罗凤封为左金吾卫大将军,寻拜特进都知兵马大将。

皮罗阁回到云南,筑太和城,由巍山迁徙南诏国都至大理太和城,立上、下二关。唐天宝七年(748年)十二月,皮罗阁薨,其子阁罗凤立。次年阁罗凤册封为云南王,以其子凤伽异为鸿胪上卿兼阳瓜州刺史、都知兵马大元帅。

唐代宗永泰元年,即南诏赞普钟十四年(765年),阁罗凤命子凤伽异增筑拓东城,后改称鄯阐府。《南诏德化碑》记载:"赞普钟十二年(763年)冬,诏候隙省方,观俗恤隐。次昆川,审形势。言山河可以作屏藩,川陆可以养人民。十四年(765年)春,命长男凤伽异于昆川置拓东城,居二诏,佐镇抚。于是威慑步头(步头,今红河县北,红河航行起点,唐代南诏通向安南码头），恩收曲、靖。颁告所及，翕然俯从。"这里说的是赞普钟十二年（763年）冬，南诏王阁罗凤巡视昆川，看到"山河可以作屏藩，川陆可以养人民"，于是命子凤伽异在昆川开发拓东城。拓东城的建立，镇抚东爨，威慑滇南，巩固了南诏在全滇的统治。拓东城池的位置，据云南省图书馆史籍专家李孝友先生考证，城在盘龙江与金汁河之间的拓东路一带。李孝友先生在《昆明风物志》卷首衬页绘有拓东城位置示意图。

唐大历十四年（779年）九月，阁罗凤薨，阁罗凤之孙异牟寻立，追谥异牟寻之父凤迦异为悼惠王。南诏王异牟寻于贞元十年（794年）破吐蕃于神川，俘其五王，取铁桥等十六城，降其众十余万人。他把征服的部族，迁数万户充实拓东城。唐元和三年（808年）七月，异牟寻薨，唐宪宗立其子寻阁劝为南诏王，赐元和新印。寻阁劝颁布以南诏东面拓东城为"东京"，太和城（大理城）为"西京"。唐长庆三年（823年）南诏王劝利晟死于拓东城，其弟劝丰佑嗣。劝丰佑在拓东城大兴宫室，改称拓东城为鄯阐府。（见《元史·地理志·云南行省·中庆路》）唐代南诏时期，拓东城兴建了万松寺、棋盘寺、妙高寺等佛寺道观。拓东城南的常乐寺塔（东寺塔）、慧光寺塔（西寺塔），均始建于唐文宗太和三年（829年），历时三十年，至唐宣宗大中十三年（859年）竣工。从东、西寺塔规模，可见唐代拓东城之繁华。

宋大理鄯阐城

"宋挥玉斧"，《续资治通鉴·宋纪》记载："王全斌既平蜀，欲乘势取云南，以图献。帝（赵匡胤）鉴唐天宝之祸，以玉斧画大渡河以西曰：'此

外非吾有也'。"宋挥玉斧这个典故与史实有出入，孙髯翁长联用这个典故，意在说明处理云南边疆问题，要吸取唐天宝年间征南诏全军覆没的历史教训。唐天复二年（902年）七月，南诏清平官郑买嗣弑南诏末代君主舜化真。八月郑买嗣自立为帝，僭号大长和国，改元安国。南诏自细奴逻唐永徽元年（650年）即位，到唐天复二年（902年）舜化贞被弑，共历252年。郑氏篡位历三代，共26年。后唐天成元年（926年）南诏东川节度使杨干贞弑郑隆亶，立赵善政。天成四年（929年）杨干贞自立，改国号大义宁，改元光圣、兴圣、大明。五代后晋天福元年（936年）通海节度使段思平讨伐杨干贞，杨干贞败走永昌自缢。天福二年（937年）段思平建都大理，号大理国，改元文德，开始了大理国时期，从五代十国至两宋，云南是大理国地方政权统治。

大理国期间，"东京"继称鄯阐府，"拓东"城之名被鄯阐城取代，依旧是大理国"东京"。

北宋宝元二年（1039年）第九代大理国君段素真卒，其孙段素兴继第十代君主，改元圣明、天明。段素兴在东京鄯阐城广营宫室，筑春登、云津二堤。《滇史》、《滇考》均记载："素兴年幼，好佚游，广营宫室于东京，筑春登、云津二堤，分种黄白花其上。有'绕道金棱，'、'萦城银棱'之目。每春月，挟妓载酒，白玉案三泉溯为九曲流觞。男女列坐，斗草簪花以为乐。时有一种花，似因歌而开，遇舞而动，素兴爱之，命美人盘髻为饰，因名'素兴花'，后讹为'素馨'。"

大理时期的鄯阐城，已经向盘龙江西岸扩展。圆通寺《段氏政德年碑》记载：圆通"寺在城北二里"，段氏所营宫室在城外东北隅。"春登"是东门外金汁河一段河堤。云津河即盘龙江，云津堤即盘龙江堤。段素兴筑此二堤，不仅为游乐观赏，主要用于捍御、蓄泄、灌溉，是一项大型水利工程。金棱堤种的是迎春柳，黄花落入河中犹如金汁，故称"金汁河"；银棱堤种素馨花，白花入河如银汁，故呼为"银汁河"。段素兴"九曲流觞"的"三泉"，即城西北玉案山分支棋盘山的菩堤泉，"玉案山下菩堤泉，迤逦而泻西壁为瀑布"；城北商山的冷泉，又名莲花池；城北文殊山下文殊寺的文殊泉。由此可见，玉案山花红洞、商山莲花池、长虫山文殊泉远在大理时期，就已经开发为风景名胜。

北宋庆历三年（1043年）大理国人废段素兴，立段思廉，改元保安，又改正安、政德、保德。皇祐二年（1050年）段思廉命岳侯高智升讨伐杨允贤，平息内乱。高智升因战功"寻晋封鄯阐侯，子孙世袭"，段思廉又"以白崖、和甸赐之。"鄯阐城从此成为高氏世袭领地。

高智升镇守"东京"，在五华山麓兴建侯王府，凿井得泉，称"清侯井"。当时大理国君"段氏东府"在高氏侯府南面，即以后元代云南行省省署（今威远街省人行）。

宋嘉祐八年（1063年），高智升在华亭山兴建别墅。华亭寺碑记载："鄯阐匡国侯高智升，以其岗峦峻峭，故竖楼台，每值风晨月夕，寒时暑候，驾舫涉海，舣于汀渚，或摄轻裙，履巉崖，登高望远，携朋载酒，陟华亭峰顶，玩赏龙泉，临波放歌，徜徉徙倚，以快舒眺之乐。"华亭山成为高氏世家子弟游憩之所，直到元代延祐七年（1320年）兴建华亭寺。

南宋宝祐元年（1253年）十二月，忽必烈"元跨革囊"破大理，大理末代国君段兴智逃鄯阐。次年（1254年）元将兀良合台攻鄯阐，拔其城，

虏兴智，赦之。大理国亡。大理国自天福二年（937年）段思平立国，至宝祐二年（1254年）段兴智被虏，历时317载。大理时期的鄯阐城，大规模兴建佛寺道观，诸如筇竹寺、曹溪寺、地藏寺经幢、永宁宫、胜因寺……都兴建于这一时期，形成鄯阐城内城外众多的寺观风景名胜。

元中庆路鸭池城

长联"元跨革囊"，指南宋淳祐十二年、元宪宗蒙哥二年（1252年）八月，忽必烈征云南，破吐蕃，所过皆降。宝祐元年（1253年）九月，忽必烈率元军跨革囊（羊皮筏）渡过金沙江，入白蛮打郭寨，摩莎蛮主迎降。十二月攻大理城，忽必烈两路兵至，大理国君主段兴智逃奔鄯阐，俘高泰祥。第二年春，忽必烈班师，留大将兀良合台总督军事。兀良合台攻入鄯阐城，虏获段兴智，赦之，大理国灭亡。

元至元年（1264年）八月，以皇子忽哥赤为云南王，移镇大理。至元七年（1270年）改鄯阐万户为"中庆路"。至元八年（1271年）忽必烈建国号"大元"，取《易经》"乾元"之义。至元十年（1273年）立云南行中书省。次年（1274年）拜赛典赤·赡思丁云南行中书省平章政事（省长）。至元十三年（1276年）赛典赤改定云南诸路名号，立云南行中书省于鄯阐，改为中庆路。中庆路取代鄯阐府，成为云南行省省会。中庆城又称鸭池城（押赤）、昆明城。中书省衙设在大理国"段氏东府"（明代为布政司署，今威远街省人民银行）。

赛典赤治滇六年，创建孔庙，购经史，置学田，率民以礼，文教聿兴。他作陂池以备水旱，筑松华坝于城东北，修南坝闸于城南盘龙江。分盘龙江水入金汁河，修建宝象河、马料河、海源河、银汁河，合为六河。用闸座蓄泄，灌溉万顷。赛典赤行视要隘，置镇巡防。通行贝子折金，方便贸易……在赛典赤勤政经营下，中庆城日趋繁荣。元代王升在《滇池赋》中描绘了昆明八景，也写到城市的繁荣："……碧鸡峭拔而岌，金马逶迤而玲珑，玉案峨峨而耸翠，商山隐隐而攒穹，五华钟造化之秀，三市当闾阎之冲，双塔挺擎天之势，一桥横贯日之虹，千艘蚁聚于云津，万舶蜂屯于城垠。致川陆之百物，富昆明之众民。"

　　元代云南行中书省的昆明城，梁王在城东兴建王府宫室，在罗汉山筑避暑宫，盘龙江上建石拱大德桥、至正桥。城内城外大兴佛寺道观——太华寺、华亭寺、圆通寺、五华寺、大德寺、法界寺、涌泉寺、海源寺、真庆观、盘龙寺、虚凝庵、铁峰庵……从寺观林立，可见元代昆明城的壮观。《马可·波罗游记》称"抵一主城，是为国都，名称押赤，城大而名贵，商工甚众……"

明代昆明砖城

　　明洪武年间，朱元璋义子沐英留镇云南，昆明始筑省府砖城。同时沐英在近华浦开辟"西园"，建簇锦楼、君子亭和水云乡莲池，这是近华浦开拓风景名胜之始。

　　明洪武十四年（1381年）朱元璋命颍川侯傅友德为征南将军，永昌侯蓝玉、西平侯沐英为副将军，率诸路大军征云南，沿江而上，一路由湖广、四川奔云南，一路由沅、辰趋贵州进曲靖。洪武十四年冬，蓝玉、沐英兵抵板桥，元最后一代云南梁王把匝剌瓦尔密率其妃属及亲信臣俱赴晋宁忽

纳寨（今称石寨山）投滇池。梁王右丞观音保开城投降，元代在云南的统治结束。

洪武十五年（1382年）正月，明军平定滇中，三月攻大理，分兵取鹤庆、丽江、建昌，七月会剿乌蒙，九月土酋杨苴叛乱，围昆明城，沐英回师讨伐……直到洪武十六年（1383年）三月，平定云南。朱元璋遂命傅友德、蓝玉班师回南京，西平侯沐英留镇云南。

沐英镇守云南，设置卫所，开屯戍守。洪武十九年（1386年）冬开始，修筑云南府砖城，这就是明代的昆明城。明城建在盘龙江西岸，"三山一水"——将五华、螺峰、祖遍三山及翠湖一泓秀水圈入城内。

关于修筑明代云南府城的年代，万历、康熙、雍正诸本《云南通志》、《读史方舆纪要》及以后的《通志》、《县志》等志书，均称在"明洪武十五年（1382年）"。洪武十五年傅友德、蓝玉、沐英忙于征战滇西，平叛滇东，讨伐杨苴，朱元璋尚未确定谁留镇云南，不可能筑城。清雍正、乾隆年间，倪蜕之《滇云历年传》载："明洪武十九年（1386年）冬，修筑云南城。"这里明确记载是明洪武十九年冬，西平侯沐英主持修筑昆明砖城。昆明筑砖城的时间，倪蜕《滇云历年传》的考证是可信的，其它志书记载有误。

明代筑昆明砖城，朱元璋遣著名阴阳堪舆家汪湛海赴滇考察风水龙脉，规划昆明"龟蛇相交，生帝王之气"的城池。砖城"周九里三分，高二丈九尺二寸，设六门，上皆有楼。"大东门称"咸化门"，后易名"咸和门"，城门之上三重檐的城楼谓"殷春楼"。位置在今长春路与青年路交叉口，俗称"小花园"；小东门即砖城的东北门，称"永清门"，后易名"敷泽门"，城楼重檐，谓"璧光楼"。位于今青年路与圆通街交叉口，即圆通高架桥西头圆通街口；城南门称"崇政门"，后易名"丽正门"，城楼重檐，原称"尚明楼"，清康熙年间云贵总督范承勋易名"近日楼"。明万历四十八年（1620年）巡按御使潘浚又在南门外建"月城重关"，"跨衢市之隘"。南门位于今正义路与南屏街西头交叉口，即百货大楼"街心花园"处；大西门称"广远门"，后易名"宝成门"，城楼重檐，谓"拓边楼"。位于文林街与东风西路交叉口，即新建设电影院路口；小西门称"洪润门"，后易名"威远门"，城楼重檐，谓"康阜楼"，位于武成路与东风西路交叉口；北门称"保顺门"，后易名"拱辰门"，城楼三重檐，谓"眺京楼"，后易名"望京楼"，位于今北门街第30中学门口。南门西侧有钟楼，称宣化楼，悬挂明永乐二十一年（1423年）在昆明铸造重达14吨的大铜钟。铜钟现存金殿钟楼。清嘉庆二十一年（1816年）云贵总督伯麟、巡抚孙玉庭、陈若霖支地丁银两新建南门东侧鼓楼，与钟楼隔南门东西对峙，谓"启文楼"。环绕明代砖城，开挖有护城河，可通舟楫。明代砖城似一龟形，南门为龟头，北门龟尾，东西四道城门为龟足。龟尾北门正对陇山余脉商山。陇山即蛇山，俗称长虫山，此即昆明砖城之"龟蛇相交"。

明代砖城建成以后，城墙、城楼多次局部坍塌倾圮，明清两代历经修葺达23次之多。民国八年（1919年）为纪念蔡锷、唐继尧等领导讨袁护国运动成功，云南省会警察厅长秦光第兼主持昆明市政，他负责在明代砖城东南新开一门，以利交通，称"护国门"，俗称"小南门"。护国门系四个石柱墩三开花棂铸铁门，门两侧对称各建一座三层重檐歇山顶门楼。护国门南面跨护城河筑双孔石拱桥，名"护国桥"。

民国十一年（1922年）昆明市政公所（市政府）为整理交通，将南城

丽正门之月城重关拆去，以其旧址改"近日公园"，"丽正门"更名"正义门"。近日楼重新修葺，楼前竖护国起义纪念标。正义门两端拆城墙开口，筑环形马路，绕近日公园一周。民国 18 年（1929 年）又将大南门至护国门之间一段"城南屏障"的城墙拆除，辟为"南屏街"。1935 年拆西门开辟车道。

从 1953 年拆除南门钟楼"宣化楼"开始，至 1956 年，昆明大部分明代砖城都拆除了，形成今日之青年路、南屏街、东风西路，仅在明城墙东北隅今昆明动物园内，保留着一段 40 多米的"明城墙残段"。

明城墙残段位于昆明动物园东面，墙体土筑，外墙使用石灰浆平砌条砖。每块城砖长 33 厘米，宽 18 厘米，厚 13.5 厘米，重 12.5 公斤。城砖上均烧铸有"监造"徽记。明城墙残段上南头，昆明动物园建有一座八角重檐琉璃瓦屋面的"遥岑亭"，俗称"瞭望亭"。1983 年"明城墙残段"公布为昆明市重点文物保护单位。

五、琼楼玉宇
——大观名楼历史园林建筑

突兀见楼台，到此开怀，洗净俗尘几许；

晶莹连水月，自他补耀，应增智慧三分。

——清康熙·王继文

　　中华历史文化名楼大观楼，自明洪武年间西平侯沐英在近华浦开拓西园，建簇锦楼、君子亭和水云乡莲池以来，清康熙二十一年（1682年）创建观音寺，康熙二十九年（1690年）云南巡抚王继文等人相继建大观楼、澄碧堂、涌月亭、观稼堂，"远浦遥岑，风帆烟树，擅湖山之胜。"历经600多年沧桑，大观楼历代园林建筑屡毁屡建，形成不同时代风格的园林建筑——近华浦云南古典园林，南园中西合璧园林，西园现代园林。大观楼各个时代的园林建筑，见证了昆明风景园林历史发展的痕迹。

园门牌坊

　　民国8年（1919年），云南督军兼省长唐继尧主持修葺近华浦风景名胜，"于瓦砾中"发现清同治年间昆明呈贡名儒、书法家孙铸（字铁舟）所书"大观楼"石刻匾额，"乃举而嵌诸壁。"

　　1929年，庾恩锡出任昆明市长，在大观楼拓植名胜，重新规划，大兴工程。将公园大门改设于园东面正对马路（现址），新建三孔拱券牌坊形大门。将唐继尧嵌诸壁上、清同治年间孙铸所书的"大观楼"三字石刻，重新镶嵌于拱券大门上。1991年修整大门。仍保持四礅三门牌坊式原貌，

大门牌坊

砖石结构，飞檐斗拱。修整后的大门重嵌孙铸书"大观楼"石刻匾额。

孙铸榜书墨宝，唐继尧誉称"笔力雄伟，逼肖诚悬（柳公权字诚悬）"，"先生此书与楼不朽矣。"

大观楼门前石狮

大观楼大门前的一对红砂石狮子，是原天开云瑞坊的狮子。天开云瑞坊又称"三牌坊"，位于正义路中段威远街、光华街口，始建于明代，牌坊南面匾额原题"怀柔六诏"，北面匾额"平定北蛮"。牌坊中柱南北两面各一对红砂石雕刻狮子。

清康熙二十七年（1688年）王继文任云南巡抚时对牌坊进行修葺。清道光八年（1828年），云南布政使王楚堂重修三牌坊，将南面坊额改为"天开云瑞"，北面题"地靖坤维"。光绪十年（1884年），云贵总督岑毓英再次重修。民国五年（1916年）云南督军兼省长唐继尧又进行修葺。

1941年8月，日军飞机对昆明城狂轰滥炸，一颗炸弹落在天开云瑞坊东面，威远街临街商铺及牌坊东面重檐歇山坊顶炸毁，牌坊南北各一对石狮子也遭到损坏。

大门前石狮造像

1945年拓宽正义路，拆除三牌坊，两对石狮子一对安放在大观楼门口，一对放在昆湖小学门口。昆湖小学的一对石狮子，20世纪50年代还在校门口，由于风化剥落，保护不善，已毁不成型。

2009年大观楼门前石狮子被列为国家二级文物。

近华浦门楼

从大观公园大门入园，甬道正对近华浦门楼。近华浦入口门楼下层方形，南北为拱券门洞，上层建八角琉璃亭，八面回形图案窗棂，典型的云

近华浦门楼

南古典园林建筑。大理石刻"近华浦"三字匾额镶嵌于门楼拱形门楣上。早年这里是草海水浦湖滩，浦临滇池，遥对太华，故名"近华浦"。大观楼位于近华浦南面湖滨。近华浦门楼两侧楹联："曾经沧海难为水，欲上高楼且泊舟。"清同治三年（1864年）重建大观楼同时，兴建近华浦门楼。"近华浦"三字匾额及楹联落款马如龙。民国15年（1926年）丁兆冠题"掩映金碧"嵌于门楼亭后。丁兆冠（1881~1955），字又秋，云南石屏人，清光绪举人，留学日本早稻田大学。辛亥光复后，任四川财政部司长。回滇历任省法政学校校长、高等审判厅长、政务厅长、蒙自和普洱道尹、司法厅长、省府委员、民政厅长等职。新中国建国后，任西南行政委员、省政府委员、文物保管委员会主任委员等职。

大观楼

　　大观楼，三重檐四角攒尖顶木结构云南传统古建筑，平面呈方形，占地面积400平方米，底层建筑面积140平方米。四周设月台，南面临水，月台东西方向宽21.30米，进深4.75米，台高1米，设有石栏。南面七级台阶下到地面，使大观楼的正面蔚为壮观。月台南北方向长18.90米，北面月台因西面缩回，宽18.60米，进深2.40米。北面甬道地坪抬高，月台仅0.15米高。整个月台周边为方整石灰岩石块砌筑，上墁石板。大观楼西面与长廊相接。

　　大观楼入口在南北向，平面布局简洁。云南古典园林建筑既不同于北方宫廷园林，又有别于江南文人园，屋面不似北方古建的厚重雄健，又不像南方古建的轻盈秀雅，而是处于二者之间。大观楼屋面翼角刀把头似龙口含珠。屋面金黄色琉璃筒瓦、屋脊、宝顶及兽头，灰色底瓦。宝顶为五

大观楼

台塔形琉璃顶，宝顶与四脊上兽头之间坠一铁链。屋脊用七线脊，即七层构件叠成的脊（花篮、托盘砖、脊瓦等组合）。挑头采用龙头状木雕，挑头长，挑头下装饰吊牙。两层檐枋之间设有吞口和如意托，檐枋下有挂落（北方称倒挂楣子）。建筑外装修为栗色柱、白墙，柱头、梁枋采用云南风格大五墨彩画。云南古建筑受内地影响，彩画为北方的旋子彩画和南方的苏式彩画结合，细部处理和北方宫廷彩画与南方文人园彩画不尽相同，带有浓郁的云南地方特色。

揽胜阁

揽胜阁始建于清康熙年间，坐北朝南，两层五开间木结构歇山大屋顶建筑，南面覆廊，正厅壁上装裱有书法家赵鹤清撰书的《滇池长歌》。揽胜阁与大观楼南北遥相对应，是近华浦内的重要建筑之一。1991 年 4 月 7 日揽胜阁因用电不慎引起火灾被毁，同年 5 月重建。新建的揽胜阁两层砖混结构仿古建筑，占地 280.25 平方米，坐北朝南改为坐东向西。

揽胜阁一楼挂清张自明所题楹联：沙鸥狎人去住；云海荡我心胸。揽胜阁二楼悬挂清赵藩所题楹联：士女嬉游，更无风雨妨佳日；古今代谢，祇有湖山极大观。

涌月亭

涌月亭位于近华浦园内大观楼北侧。涌月亭为木结构重檐四角攒尖顶方亭，通面阔 9 米，廊深 2 米，亭高 8 米，四面出抱厦，平面呈"十字形"，造型绚丽，精巧典雅，与大观楼南北相互成对景。亭的梁、柱、额、枋油

漆彩绘，楹板"梅兰竹菊"、"渔樵耕读"尤为出彩。历史上文人雅士在此聚会，酌酒赋诗。涌月亭掩映在古树丛中，前后穿堂可四面观赏近华浦园中多姿多彩的景色。

涌月亭建于清康熙二十九年（1690年），亭匾为同治五年（1866年）马如龙重书，跋曰：

斯亭相传为康熙年间抚军王公继文、石公文晟、方伯佟公国襄所建，其额总其为某公手笔，更皆大手笔也，皆毁不可复得，今补之非袭也，殆

揽胜阁

涌月亭

不及前贤之美也。同治丙寅春马如龙题。

涌月亭正面两侧悬马如龙所撰楹联：

色即是空，空即是色；

诗中有画，画中有诗。

涌月亭北面悬马如龙题"蓬莱胜景"匾，两侧楹联：

金碧古传妙香国；

楼台恰在彩云乡。

观稼堂

大观楼东面是一幢三开间黄琉璃歇山卷棚顶斋堂，称观稼堂，与大观楼、涌月亭呈"品"字布局，长方形平面三开间，通面阔 10 米，深 5 米，四面回廊，廊深 2 米，始建于清康熙年间。

观稼堂坐北朝南，迎面庭园是"彩云崖"大型假山，隐约可见波光粼粼的"三潭印月"和"楼外楼"山水楼台。观稼堂在近华浦中如同"花厅"，历史上地方官员巡察四境、省耕观稼小憩暂留之地，远眺近华浦外的"四围香稻"，故名观稼堂。

观稼堂北面匾额为清陈度（字古逸）所书，两侧悬对联：

万顷新苗忻结子；

四围香稻喜生孙。

观稼堂南面悬清陈度撰，今人孙源重书楹联：

螺髻浮青山卧佛；

鲜塍漾碧稻生孙。

观稼堂

牧梦亭

近华浦怀古廊南接牧梦亭，绿瓦硬山两坡顶，长方形平面三开间，通面阔 10 米，深 5 米，单面檐廊，形制体量端庄玲珑。

牧梦亭处原建筑清咸丰七年（1857 年）毁于战火，民国 6 年（1917 年）修葺。亭上悬云南督军兼省长唐继尧撰题的匾额。唐氏系清庠生，能文能诗，书法有一定功力。榜书亭名后，有如下跋语：

道光中，仪征阮文达公督滇，构亭于翠海之滨，榜曰："牧梦勤民"，心事寓"唯鱼唯旟"之占也，亭圮未复。桑海屡更，今修近华浦诸亭馆，余乃补书此榜，移悬是间。自惟于昔贤无能为役，而祈丰年、述故国，义俱有取，亦职在则然也。时中华民国六年，岁次丁巳，秋九月既望，会泽唐继尧跋。

跋语说明，牧梦亭原是道光年间云贵总督阮元在城内翠湖建的一个亭子，倒塌后没有复建。唐继尧 1917 年整修大观楼亭馆，特"补书此榜，移悬是间"。此处三开间殿宇，非亭式建筑，但文意可取。

牧梦亭两侧悬清光绪年间舒绍舆撰、今书法家冯国语重书对联：

群贤毕至乐无涯，有酒、有诗、有画；

老子于斯兴不浅，此山、此水、此楼。

催耕馆

催耕馆始建清康熙年间，建筑形制与观稼堂相仿，歇山卷棚顶，绿色琉璃瓦，长方形平面三开间，通面阔 10 米，深 5 米，三面回廊，西面临水，借景滇池湖面点点渔帆和周边的万顷香稻。原有佚名联："云水光涵清吏驾；

催耕馆

稻花香慰老农心。"意即清廉官吏"极勤民事",催促勤耕,稻香慰农。

催耕馆正面悬清由云龙撰,今书法家赵浩如补书楹联:

依然明媚山川,苍霭白云,人世几回伤往事;

自笑婆娑风月,绿蓑青箬,江湖满地一渔翁。

上联"苍霭白云"疑为"苍狗白云",典出唐杜甫《可叹》诗:"天上浮云如白衣,斯须改变如苍狗"。宋·张元干词:"白衣苍狗变浮云,千古功名一聚尘。"传抄之误,写作"苍霭白云"。

怀古廊

近华浦三面环水，清康熙年间布政使佟国襄修建近华浦庭院，沿浦西南驳岸建长廊，凭廊观赏湖光山色，长廊冠名"怀古廊"，撰有廊联：

望祭曾传王给谏；

治功追慕赛平章。

王给谏，王褒。西汉宣帝刘询遣谏大夫王褒持节赴滇求取"金精神马，缥碧之鸡"。王褒作《移金马碧鸡颂》，半途逝于四川建宁（今西昌）。王褒望祭金马碧鸡，是昆明二千多年金马碧鸡文化之开端。赛平章，元代至元十一年（1274年）拜赛典赤·赡思丁为云南行中书省平章政事，赛典赤治滇六年，创文庙，购经史，置学田，率民以礼，文教聿新；筑松花坝，治理六河，闸座蓄泄，灌溉万顷；行视要隘，置镇巡防，边境安宁；贝子折金，方便贸易，"千艘蚁聚于云津，万舶蜂屯于城垠"，使元代中庆路鸭池城（昆明）呈现一派繁华景象。

康熙年间的怀古廊，启示了乾隆年间孙髯翁撰长联"数千年往事注到心头"。

怀古廊楹联毁而又兴，已佚作者姓名，现挂楹联为今人孙源重书。

华严阁佛号经幢

清康熙二十一年（1682年），湖北籍乾印和尚在近华浦创建观音寺。道光八年（1828年），观音寺住持净乐和尚，向善男信女募化，在寺后新建三层五间的华严阁，净乐撰观音寺华严阁长联。咸丰七年（1857年），观音寺连同大观楼一起在战火中成为一片焦土。同治年间马如龙重建大观

楼，未顾及修复观音寺，近华浦观音寺湮灭。2002 年疏挖大观公园湖塘，打捞出华严阁佛号经幢，设于观音寺华严阁遗址。佛号经幢的发现，是清观音寺重要的实物见证。

三潭印月

民国 19 年（1930 年），庾恩锡任市长，在书法园艺大师赵鹤清襄助下改造近华浦，仿杭州西湖"三潭印月"，将状元楼外的三个白石塔墩移至大观楼前湖中，三座葫芦形石塔水中鼎峙，形成"峙三塔如三潭印月"一景。

彩云崖假山

民国 19 年（1930 年），昆明市长庾恩锡扩建大观楼公园，聘请书法造园大师赵鹤清对大观楼进行规划建设。省主席龙云视察公园修葺，"嘱鹤清垒石为山，名曰彩云崖。因彩云见于白崖为云南得名之始，故已颜之"。赵鹤清工于垒石为山，大观楼侧旧有两座假山拆除后，赵鹤清在楼东面精心构筑一座大型石山，西面沿石级而上，逶迤达山顶。中间、东面也有曲折的石径，穿洞越磴，通往顶部。因观音寺已毁，赵鹤清于崖顶建石厂（"厂"音汉，山侧之崖，人可居者）佛龛，"祀奉观音大士"。这座假山，因"彩云南现"为云南得名的由来，命名为"彩云崖"。赵鹤清撰《彩云崖歌》，镌刻嵌诸崖间。石厂佛龛一侧，立《彩云崖观音大士石厂记》。

云起石

民国五年（1916 年），赵鹤清在近华浦揽胜阁东侧垒筑假山，冠名"云起石"。赵鹤清撰文刻碑，嵌于假山之上，碑文曰：

王摩诘句云：

"行到水穷处，坐看云起时。"

由滇垣陆行，至斯而极，非摩诘所谓之水穷处乎？余移此石于兹，适值民国五年之八月，云南起义告阙成功，爰借摩诘诗中"云起"二字名之，以作纪念云。姚安赵鹤清松泉志。

民国三年（1914 年），袁世凯密谋称帝，次年 12 月发布接受帝位告示，订于 1916 年元旦改中华民国为中华帝国，年号洪宪。全国反对帝制，1915 年 12 月，蔡锷、唐继尧等人组织了云南护国首义，通电全国，申讨袁世凯，宣布云南独立，1916 年护国起义成功。于是赵鹤清将竣工的假山名之"云起石"，纪念风起云涌的护国起义。

"行到水穷处，坐看云起时"，系唐·王维（字摩诘）《终南别业》

彩云崖假山

华严阁佛号经幢

楼外楼

诗中的两句。意即走到溪流尽头，似乎已到绝处，又见云雾从水尽头升起，现无穷妙境。近华浦地处运粮河（大观河）入草海尽头，摘王维句恰到妙处。

楼外楼

楼外楼位于大观楼东南面，楼东北边是公园大草坪。草坪东南边为大观河入草海航道，西南边即滇池草海。楼外楼入口道路与东西柳堤相连，西南、北面是宽阔的湖面。楼外楼清代为柳堤上的一幢草亭，1981 年重建

楼房，其形状如伸入滇池航道的画舫。二层画舫三面临水，琉璃歇山卷脊屋面，外侧螺旋"舷梯"。楼外楼与大观楼隔湖面互为借景，杨柳掩映，美不胜收。1986年10月17日，英国女王伊丽莎白二世与爱丁堡公爵由西园乘游艇经草海到大观楼，就在楼外楼泊舟上岸。

庚庄晋侯楼

大观楼南园庚庄，是民国年间庚恩锡的私家园林。庚恩锡（1886~1958），字晋侯，号空谷散人，云南墨江县人。早年留学日本攻读园艺。1922年创办云南规模最大的亚细亚烟草公司，至今仍为云南名牌的"大重九"香烟，就是他为纪念1911年云南辛亥重九起义而创的商标。抗战期间，人们把

庚庄晋侯楼

吸"重九"烟视为爱国，烟民放弃外烟改吸"重九"，风趣地称为"交抗日税"。

庚庄系我省中西合璧园林的典范，成为当时昆明园林建筑的"潮流"。庚庄是民国16年（1927年）庚恩锡在造园艺术大师赵鹤清襄助下建的花园。它不仅保留中国传统园林景观的风貌，还融进了西方哥特式建筑的特点。园中荷塘溪流，柳堤环绕，曲桥拱桥，小亭藤架，主体建筑为两层中西合璧式"晋侯楼"。晋侯楼原为土木结构二层楼房，称为"红楼"。1998年为迎接昆明园艺世博会召开，大观公园对庚庄庭院建筑、道路等进行全面维修改建。拆除濒临倾塌的"红楼"，新建400平方米砖混结构二层楼房，重修红楼一侧的花架和步道。晋侯楼的恢复重建，基本保持原貌，立面、门窗、阳台等均保持红楼西方建筑的结构。园内的柳堤、石拱桥、曲桥、荷塘等，则保留中国传统山水园林的特色。

鲁园子泉别业

民国时期，大批军政要员相继在草海之滨建别墅，借景草海滇池，远眺西山群峰，雨晴浓淡，晨曦晚霞，自然景色纳入私家园林。大观公园南园之鲁园，为原国民党五十八军军长鲁道源的别墅。鲁道源（1900~1985），字子泉，云南保山昌宁县人，毕业于云南陆军讲武堂第十三期步科，历任滇军排、连、营、团、旅长等军职。抗日战争其所指挥的五十八军，参加大小战役五百余次，毙伤敌军约五万，俘获敌军及战利品不计其数，世人誉称鲁道源为常胜将军。1945年9月14日，他代表第九战区司令长官薛岳接受南昌、九江地区日酋笠原幸雄的投降。

鲁园子泉别业

　　鲁园与庾庄一墙之隔,民国16年(1927年)和庾庄同时兴建。主体
建筑"子泉别业"别墅委托法国建筑师设计。中式阁楼、不系舟石舫、假
山系赵鹤清主持规划设计。子泉别业紧邻滇池,砖石结构法式平房,正房
坐西向东,厢房坐北向南,呈直角布局,简洁精致,占地面积235平方米。

鲁园还建有中式石舫和亭台，体现了民国年间昆明地区私家园林中西合璧的建筑风格。

鲁园阁楼

鲁园东面，曲径连通一幢木结构四方重檐阁楼。楼下四面格子雕花门窗，楼上四面镂空格子景窗，雕梁画栋，朱丹彩绘，翼角飞檐，黄琉璃四角攒尖顶。中式古典阁楼，与法式别墅建筑东西对峙，风格迥异，相映成趣。

鲁园阁楼

不系舟画舫

不系舟画舫

鲁园阁楼北面，一泓莲池，池塘由东向南环绕溪水。莲池中，仿北京颐和园清宴舫，石砌"不系舟"画舫，舫头坐南向北。舫上建中国古典式前舱后楼，舱和楼的歇山翼角屋面东西向、南北向交叉，绿色琉璃瓦，优美典雅。画舫舱楼梁檩彩画，格子门窗，玲珑剔透。不系舟石舫，寓意"水能载舟，亦能覆舟"，石舫稳固停泊水上，永不倾覆。

六、华浦诗韵

——历代近华浦大观楼诗选

到此推敲皆岛佛；

闲来游咏尽坡仙。

——大观楼佚名联

机先

诗人机先，明初到云南的日本僧人，在昆明写了大量吟咏金碧湖山的诗篇。"滇阳六景"六首七律——滇池夜月、碧鸡秋色、金马朝晖、玉案晴岚、螺峰拥翠、龙池跃金，为明初的昆明六景。滇池夜月，描绘诗人由近华浦夜晚乘舟进草海渡滇池见到的景色及自身的感慨。

机先，又作鉴机先，明代日本诗僧，生卒年不详。据云南民族学院王叔武教授考证，机先约在明洪武十五年（1382 年）入滇，卒于永乐末年。

同他一起进云南的日本僧人有天祥、大用、昙演、宗泐、演宗、镜中照、桂隐等，这些僧人精通汉学，能诗善画。大理有"日本四僧圆寂塔"，传说四僧"同日化去"，其中一僧为机先。明初诗人胡由（字粹中）《挽机先和尚》诗云："曾将一苇渡瀛洲，信脚中原万里游。日出扶桑极东处，云归滇海最西头……""滇海最西头"指大理洱海。

滇池夜月

明·机先

滇池有客夜乘舟，渺渺金波接素秋。

白月随人相上下，青天在水与沉浮。

遥怜谢客沧州趣，更爱苏仙赤壁游。

坐依蓬窗吟到晓，不知身尚在南州。

沐昂

沐昂，沐英之子，永乐初使云南辅政其兄沐晟。沐昂能诗善文，诗咏云南风景名胜。其父沐英辟近华浦水云乡莲池，沐昂常游憩泛舟西湖草海。从他的《滇池夜月》诗中，可见明初草海近华浦沧波浩荡，素魄澄明之美景。

沐昂（1378~1445）字景高、景颙，明凤阳定远人，沐英第三子（沐英五子：春、晟、昂、昶、昕）。十九岁授散骑舍人，升府军左卫指挥佥事。永乐初使云南，辅政其兄沐晟，进都指挥同知，宣德元年（1426年）进右都督。正统四年（1439年）沐晟卒，昂佩征南将军印。沐昂喜诗善文，著有《素轩集》十二卷，编辑《沧海遗珠》四卷，收录明初流谪云南二十一位诗人的三百余首诗作，收入《四库全书》集部。

滇池夜月

明·沐昂

滇池风静浪初平，凉月团团露气清。

万顷沧波殊浩荡，一轮素魄自澄明。

推蓬遥见山河影，倚棹无闻钟鼓声。

我欲乘飚访仙子，不知何处是蓬瀛。

滇池夜月

明·沐昂

水色澄秋接绛河，琉璃影里漾金波。

分明一槛从空落，皎皎清光不用磨。

童轩

明景泰进士童轩，于成化五年（1469年）端午节，应邀游沐府西湖莲池，作五律二首，从诗中可见，成化年间沐氏西园水云乡莲池仍是"林圃水中央，亭台照水光"的风景游览胜地。

童轩，字士昂，江西鄱阳人。明景泰二年（1451年）进士，授南京吏科给事中。成化初由都谏出为提学佥事、云南按察司佥事。曾入川镇压赵铎起事，累进右副都御史提督松潘军务。弘治中官至南京礼部尚书。童轩长于诗，撰有《清风亭稿》、《枕肱集》、《梦征集》等。

己丑五月五日同诸公游西莲池

明·童轩

林圃水中央，亭台照水光。

乾坤遗好景，日月感他乡。

菡萏抽新雨，凫鹥睡夕阳。

湖山如有约，佳节此徜徉。

大泽渺何尽，陕田多种粳。

碧云招客往，芳草衬人行。

径转林亭出，桥分野水横。

宾筵歌舞乱，山际晚烟生。

朱泰贞

明天启三年（1623年），黔国公沐昌祚晚年于滇池草海沐氏西园新作水槛，冬至火城，邀云南巡按朱泰贞、新任巡抚闵洪学（字曾泉）燕集。从朱泰贞的诗中，可证天启年间沐氏西园尚存。

朱泰贞，字道子，明浙江海盐人，万历四十四年（1616年）进士，授福建龙岩知县，擢福建道御史，天启元年（1621年）任云南巡按。父丧归，服阙补御史，迁南京兵部主事。著有《礼记意评》及诗集。

沐乾鉴黔国作水槛于昆明池中

邀同闵曾泉中丞燕集

明·朱泰贞

万顷蒹葭万树烟，几番风雨夕阳前。

筵飞极浦宜延露，拍按停云湿采莲。

节镇雄谭秋水至，中丞雅咏石湖偏。

火城初漏传呼遍，西堰花津问钓船。

尹继善

尹继善，清雍正、乾隆年间云贵总督。在任期间，关注云南民生，重视文化教育，修缮风景名胜，弘扬传统文化。近华浦是他与同僚诗酒相邀的胜地。从他的诗中，反映了孙髯翁撰写长联时近华浦的风貌。

尹继善（1695~1771），清满州镶黄旗人，姓章佳氏，字元长，号望山。清雍正东阁大学士兼兵部尚书尹泰之子。尹继善系雍正元年（1723年）进士，授编修，官至文华殿大学士，兼翰林院掌院学士。雍正十一年（1733年）任云贵广西总督，乾隆元年（1736年）专任云南总督。在任期间，平定叛乱，开河修渠，疏浚河道，奏免军丁银税，创建五华书院廨舍，修缮风景名胜，政声卓著。后历任川陕、两江总督。卒赐祭葬，谥文端。

偕张觐臣抚军、吴颖庵学使、倪穗畴、张南华两主试游近华浦，
和南华口占原韵十八首（录十四首）

清·尹继善

一望高低近海田，今秋收获倍常年。

秧鸡茭笋争投送，笑说农家味更鲜。

万顷昆池万叠山，澄波倒影照云鬟。

华峰削出芙蓉面，仰止心殷未许攀。

曲曲回廊径转幽，风帆过影远来舟。

烟波更有极深处，坐看游鱼共泛鸥。

清光如画豁双眸，难得同心夜泛舟。
好景分明看不尽，此行谁说梦中游。

雨歇寒流乱野溪，晴云遥指碧峰西。
无波不觉扁舟小，短缆徐牵过柳堤。

遍地西成眼乍明，欢歌声里午风清。
年丰自有田家乐，莫认儿童竹马迎。

落叶萧萧拂面飞，韶光转眼已全非。
披裘尚觉寒侵骨，野老人多未授衣。

妇子嘻嘻列短堘，嘉禾搬载已满船。
自来边地农桑贵，绿柳黄花不值钱。

流水无心解迎送，湖边置酒趁新晴。
尘机到此俱消尽，惟有清风满树声。

纵目轩窗遍十洲，欲穷千里又登楼。
倚栏不敢频回首，东北蛮烟未尽收。

别院清幽一草堂，临渊兴羡已相忘。

池鱼自任闲游泳，密网何人复举纲。

古树苍苍古寺宜，西风谡谡动虬枝。

扶疏自作干霄势，不逐柔杨到地垂。

人醉诗成罢咏觞，回舟水面晚风凉。

扬帆渐觉湖光远，一路寒山送夕阳。

群峰拱向五华开，指点长松天半栽。

佛手香中人笑语，风吹孤月自东来。

王文治

　　清乾隆年间临安府（治所建水）知府王文治，工诗文，善书法，好游历，云南诸多风景名胜都有他的摩崖题诗。"游近华浦"五律，昆池山水，勾起他对"邛焚风烟"、"神京何处"的感慨。

　　王文治（1730~1802），字禹卿，号梦楼，江苏丹徒人。曾随翰林侍读全魁至琉球。乾隆二十五年（1760年）进士，授编修，擢侍读。出为云南临安府知府，有善政。工诗文书法，精通音律，与袁枚齐名。罢归，自此无意仕进，潜心佛学。著有《梦楼诗集》、《快雨堂题跋》。

九月十三日与张寿雪游近华浦

清·王文治

邛焚风烟外,凭栏胜概分。

昆池千顷玉,太华一峰云。

鸥泛偕新侣,鹓行有旧群。

神京何处望,水色浩无垠。

桂馥

　　桂馥是清乾嘉时期的文字训诂学家,《近华浦秋泛》是他晚年泛舟近华浦所作,山光水色,碧秋空濛,远帆渔舟,勾起他乘风破浪称豪雄的心境。

　　桂馥(1733~1802),字冬卉,号未谷,山东曲阜人。清乾隆年间进士,选云南永平知县。生平治《说文》四十余年,融会诸经,以经义与许慎的《说文解字》相疏证,用《玉篇》、《广韵》校之,写成《说文义证》。题书室为"十二篆师精舍",另著有《晚学集》。嘉庆七年(1802年)卒于任上。

近华浦秋泛歌

清·桂馥

尖头艇子棕毛篷,窗开四面迎水风。

浦光一碧秋空濛,橹声哑哑摇其中。

群山倒影千百峰,堤柳几树垂腰慵。

远帆后有渔舟从,越吟吴歌狎蛮童。

拉杂弦索别调工,斜风吹来雨蒙蒙。

敞袍那许新寒攻,急呼暖酒满大钟。

天然图画开心胸，近华古寺霜叶红。

树杪台阁高低重，横界一道白云封。

志怕登楼不支筇，余兴还赖酒杯浓。

莫笑白头老冬烘，樽前起舞侠气充。

要挟诸君乘风破浪称豪雄！

钱沣

清乾隆年间"瘦马御史"钱沣，他的《近华浦》长诗，为近华浦留下乾隆年间"楼馆摧剥不如昔"的写照。

钱沣（1740~1795），字东注，号南园，昆明人。乾隆辛卯（1771年）进士。由编修改授御史，疏劾权贪陕西总督毕沅、山东巡抚国泰，智斗奸臣和珅，刚正秉直著称。南园善书，以颜体为本，融诸家之长，自成钱体。工画，以画马为主，喜画瘦马，神姿风骨，被称为"瘦马御史"。诗文佳作后人辑为《钱南园诗文集》八卷。

近华浦

清·钱沣

此地不来遽九载，楼馆摧剥不如昔。

苦旱湖水亦缩减，但欣芦翠柳仍碧。

故人厚意不可谢，招来早饭烹鲜鲤。

望见四山云气发，金电乱掣溟濛里。

顷刻雨至如倾盆，屋漏无干难措履。

行厨拨弃走佛舍，僧来款慰言辞美。

只道当筵客意索，不知秉耒农声喜。

垂檐银溜鸣琅琅，阶墀起灭浮沤光。

此时想见龙公媪，张鳞奋鬣空中翔。

炉烟细篆沾微湿，花氄慢动凉风入。

白鸡报午一声已，自理霜毛傍客立。

寂居半晌得禅喜，大胜鸣弦吹管急。

请君无更陈壶觞，乐过哀来不易当。

拏舟冒雨早归去，笠屐东皋看插秧。

孙髯翁

清乾隆年间撰写大观楼长联，被誉为"天下第一长联"。

孙髯翁，名髯，字髯翁，号颐庵，清乾隆时寒士，祖籍陕西三原，寄籍昆明，能诗善画，博学多识，蔑视科举，一生不试，从未做过官，过着清贫的布衣生活。当时他常到近华浦观赏景色，看不起封建文人雅士在这里所作的歌功颂德之词，傲然书写长联，惊动一时。孙髯翁喜种梅花，自称"万树梅花一布衣"。晚年他生活贫困潦倒，居昆明螺峰山圆通寺咒蛟台卜易为生，自号"蛟台老人"。孙髯翁年迈前往弥勒寻女儿，死后葬于弥勒县西郊新瓦房村，墓联为："古冢城西留傲骨；名士滇南有布衣"。

《续修昆明县志》卷四《人物志》记载：

孙髯，字髯翁，号颐庵，生而有髭，故以髯名。自幼负奇气，应童试，功令必搜检乃放入，愤然曰："是以盗贼待士也，吾不能受辱！"掉头去，从此不复与考。

博学多识，诗古文辞皆豪宕不羁，一时名士相与酬唱。所撰乐府，虽不逮汉魏，亦几入香山、崆峒之室。五、七律规仿唐人，时有杰作。其"题大观楼"楹联，凡一百八十字，浑灏流转，化去堆垛之迹，实为仅见……喜种梅，尝作小印曰："万树梅花一布衣"。晚岁甚穷，不因人热。寓螺峰之咒蛟台，更号"咒蛟老人"，卜易为活，以此自终。

孙髯翁撰大观楼长联

五百里滇池，奔来眼底。披襟岸帻，喜茫茫空阔无边。看：东骧神骏，西翥灵仪，北走蜿蜒，南翔缟素。高人韵士，何妨选胜登临。趁蟹屿螺洲，梳裹就风鬟雾鬓。更蘋天苇地，点缀些翠羽丹霞。莫孤负：四围香稻，万顷晴沙，九夏芙蓉，三春杨柳。

数千年往事，注到心头。把酒凌虚，叹滚滚英雄谁在？想：汉习楼船，唐标铁柱，宋挥玉斧，元跨革囊。伟烈丰功，费尽移山心力。俱珠帘画栋，卷不及暮雨朝云。便断碣残碑，都付与苍烟落照。只赢得：几杵疏钟，半江渔火，两行秋雁，一枕清霜。

孙髯翁咏大观楼诗：

大观楼

月光拨作海门潮，层涌椒兰水可掬，

半夜神灯波上走，三春画桨镜中摇。

笔床茶灶宜青草，酒市溪村接板桥。

听唱竹枝来小咏，醉看塔影忽双漂。

谢方伯钱公粮宪钱公

华浦临西廓，沙村枕鹭田。

方舟载霖雨，命驾及春暄。

鼓吹铙歌曲，青山绿水筵。

昆池三百里，一望尽神仙。

仙掌云中山，烟波压画垣。

法王新梵宇，黔国旧名园。

卷幔来春色，登楼见海门。

沧浪书屋外，旭日满江村。

白日登楼望，云开万里天。

曾为严武客，共说贾生贤。

善□连三月，幽栖近十年。

筹边空有策，未达丈人前。

伯麟

　　大观楼近华浦建有观稼堂，系接待官员视察庄稼长势、收成休憩之所。云贵总督伯麟的"泛舟近华浦观稼"，见到的景色与孙髯翁长联描绘的是一致的。

　　伯麟（1750~1824），清满洲正黄旗人，姓瑚锡哈哩氏，字玉亭。乾隆三十六年（1771年）举人，授兵部笔贴式。嘉庆九年（1804年）任云贵总督，疏浚昆明六河及海口，息边地外乱，以功授协办大学士。在滇十六年多善政，五华书院肄业者半致门下。嘉庆二十五年（1820年）授兵部尚

书兼正红旗汉军都统，官至体仁阁大学士。

秋杪余与寄浦中丞偕荫原方伯史渔村（致光）

刘蕴中（珏）周穆堂（纬）三观察泛舟近华浦观稼

清·伯麟

共泛轻航似御风，碧云秋水太华东。

年丰久系三农望，稻熟今看万顷同。

唱晚渔舟依柳岸，避人鸥鸟隐芦丛。

愁听竟日潇潇雨，安乃清晖映晚虹。

师范

师范咏《东渠邀游近华浦偶成二律》，盛赞大观楼景色，对钱南园大观楼赋诗、孙髯翁撰联给予高度评价。

师范（1754~1808），字荔扉，号金华山樵，云南弥渡人。清乾隆甲午（1774年）乡试第二。嘉庆六年（1801年）授安徽望江令。工诗善文，辑刻滇中诗文《小停云馆芝言》九十三种，1807年纂辑《滇系》四十卷，为云南历史文化留下宝贵的资料。诗作有《师荔扉先生诗集》。

东渠邀游近华浦偶成二律同何纯斋窦松溪

清·师范

傍郭呼舟出篆塘，草河人语闹渔庄。

大观楼敞容题壁，太华峰高对举觞。

蒲稻香生天四面，阛阓影锁树千章。

迟归恐下城门钥，满载笙歌趁夕阳。

一览何能慰所思，江山无恙依栏时。

钱员外寄飞扬兴（戊子秋南园于此击钵赋诗，一时传诵），

孙布衣留绝妙词（内有髯翁题联甚佳）。

奁镜晓开清渺渺，髻螺宵拥翠离离。

吾乡自有佳风月，不到西湖不是痴。

宋湘

清嘉庆四年（1799年）永昌知府宋湘题大观楼联："千秋怀抱三杯酒；万里云山一水楼。"高度概括孙髯翁的长联。清同治三年（1864年），马如龙重建大观楼，重书刊刻宋湘联。

宋湘（1756~1826），清广东嘉应人，字焕襄，号芷湾。清嘉庆四年进士。由编修知云南曲靖府、永昌府。捐俸购木棉，教民纺织。练乡兵，除暴乱。道光间官至湖北督粮道。工诗，诗作自成一家，有《不易居斋集》、《红豆山房诗钞》。

"千秋怀抱三杯酒；万里云山一水楼。"

这副对联针对孙髯翁长联描绘的意境，画龙点睛，一语道尽。孙髯翁上联写"五百里滇池，奔来眼底。披襟岸帻，喜茫茫空阔无边"的壮观景色，宋湘只用"万里云山一水楼"七字，把登楼远眺滇池云山之万千气象，淋漓尽致表现出来。这七个字，是大观楼的主要景观特色。孙髯翁下联抒发"数千年往事，注到心头。把酒凌虚，叹滚滚英雄谁在"的感慨，宋湘把这个感慨归结为"千秋怀抱三杯酒"。孙髯翁"把酒"所叹汉唐宋元的千秋"伟

烈丰功"，也不过是杯酒中感叹而已。

题昆明池大观楼壁二首

清·宋湘

空翠波光入酒杯，天风环佩亦仙才。

杜陵眼老旌旗失，蛮徼云深关塞开。

万里星辰依北极，百年草木上寺台。

君看一带山河影，浩荡蓬壶月照来。

江山到处我题诗，况是登楼放眼时。

此水自从闻汉帝，昔人谁实见滇池。

碧鸡金马归黄土，缟鹤玄蛇出翠枝。

欲唱竹枝三百首，偏传骑象戴花儿。

程含章

　　清乾隆壬子（1792年）举人程含章，认为孙髯翁长联"才雄气猛，为海内第一杰作，惟连用排偶八句，而无虚字跌宕之，又无单句舒畅之，似嫌气滞。"于是他修改长联，"以成金壁"。他修改的长联，远不如孙髯翁原联。但也反映大观楼长联问世，引起社会广泛关注。

　　程含章（1762~1832），字月川，云南景东人，清乾隆五十七年（1792年）中举，进士不第。嘉庆初起为县令，累官副都御史，先后在广东、山东、河南、江西、浙江为官，任州府同知、知府、按察使、布政使、巡抚。晚年回乡，置义田，修黉学，建文庙，创渡船，对家乡文化教育事业作出贡献。

著作有《岭南集》、《中州集》、《江右集》、《景东直隶厅志》等。

程含章修改大观楼长联（有着重点者为程所改）

五百里滇池，奔来眼底。披巾岸帻，喜茫茫空阔无边！看：东骧金马，西峙碧鸡，北耸青虹，南翔白鹤。高人韵士，定当击节讴歌。况栏外树色江声，随地皆诗情画意，更云开雨霁，何时不鱼跃鸢飞。登斯楼也，莫辜负四围香稻，万顷晴沙，九夏芙蓉，三春杨柳；

数千年往事，注到心头。把酒凌风，叹滚滚英雄谁在？想：汉习楼船，唐标铁柱，宋挥玉斧，元跨革囊。伟烈丰功，争欲同符天地，至今日离宫别馆，悉化为芳草长林，并断碣残碑，都付与苍烟夕照。游于浦者，只剩得几杵疏钟，半江渔火，一行秋雁，两岸芦花。

（见《程月川先生遗集》卷十五，《修改云南近华浦大观楼长联》）

阮元

阮元任云贵总督期间，对孙髯翁长联作了修改，滇中人士纷纷指斥，当时有谚语讥讽阮元："软（阮）烟袋（阮元字芸台）不通，萝卜韭菜葱，擅改古人对，笑煞孙髯翁。"（杨琼《滇中琐记》）阮元是清代精通经学、长于考证的大学问家，改孙髯翁长联，是他的政治背景、对历史的认识，与孙髯翁有着巨大差别。

阮元（1764~1849），江苏仪征人，字伯元，号芸台。乾隆五十四年（1789年）进士，授编修。道光间官至体仁阁大学士，加太傅。历官漕运、两湖、两广总督，道光六年（1826年）调任云贵总督。在云南整顿盐务，屯垦边界，招抚南甸、陇川土司，安定车里，改良仓储，增加官铜运价，对云南政务多所建树。阮元一生著述甚富，兼工书法，龙精篆隶。校刊《十三经注疏》、《文选楼丛书》，撰辑《经籍籑诂》、《两浙金石志》，汇刻《学海堂经解》，著有《研经室集》等。在云南纂修《云南通志稿》，考证汉黑水祠，对云南文化的发展有杰出贡献。阮元卒谥文达。

阮元改大观楼长联全文（加黑点为阮元所改之词）

五百里滇池，奔来眼底。凭栏向远，喜茫茫波浪无边。看：东骧金马，西翥碧鸡，北倚盘龙，南驯宝象。高人韵士，惜抛流水光阴。趁蟹屿螺洲，衬将起苍崖翠壁。更蘋天苇地，早收回薄雾残霞。莫孤负四围香稻，万顷鸥沙，九夏芙蓉，三春杨柳；

数千年往事，注到心头。把酒凌虚，叹滚滚英雄谁在？想：汉习楼船，唐标铁柱，宋挥玉斧，元跨革囊。爨长蒙酋，费尽移山气力。侭珠帘画栋，卷不及暮雨朝云。便藓碣苔碑，都付与荒烟落照。只赢得几杵疏钟，半江渔火，两行鸿雁，一片沧桑。

（见梁章钜辑录《楹联丛话》卷七）

阮元题大观楼联

陶隐居有楼三层，至其下，处其上；

黄叔度若波千顷，淆不浊，澄不清。

清·阮元

"陶隐居"，指南朝梁茅山隐士陶弘景，字通明，时称"山中宰相"。筑楼三层，弘景处上，弟子居中，宾客至下；"黄叔度"，东汉清议名士黄宪，字叔度，郭泰誉黄宪"叔度汪汪若千顷波，澄之不清，淆之不浊，不可量也。"封疆大吏、经学宗师阮元睹大观楼三层，观滇池若波千顷，推崇陶隐居、

黄叔度这样出类拔萃的名士，潜隐未发之深意。

净乐

清道光八年，近华浦观音寺住持净乐，募捐化缘，重修观音寺，兴建五间三层的华严阁，高于大观楼丈余。华严阁落成，能诗善联的净乐撰184字长联，世称"净乐长联"。

净乐，生卒年不详，清嘉庆、道光年间寺僧。嘉庆年间在白马庙住持，重修白马庙大殿，在殿中讲经，经余创作禅诗。道光初年，住持近华浦观音寺，重修观音寺。净乐著有《禅余集》四卷，名士谢琼为其作序。

净乐长联

叠阁凌虚，彩云南现，皇图列千峰拱首，万派朝宗，金碧联辉，山河壮丽。视晴岚掩翠，晓雾含烟，升曙色于丹崖，苍松鹤唳；挂斜阳于青嶂，石厂猿啼。暂息烦襟，凝神雅旷，豁尔讴歌叶韵，风月宜人，性静幽闲，互相唱和，得意时指点此间真面目。

层楼映水，佛日西悬，帝德容六诏皈心，百蛮顺化，昆华聚秀，宇宙清夷。听梵呗高吟，法音朗诵，笑拈花于鹫岭，理契衣传；侪立雪于少林，道微钵受。久修净行，释念圆融，历然主伴交泰，凡圣泯迹，心源妙湛，回脱根尘，忘机处发挥这段大光明。

林则徐

林则徐清道光二十七年（1847年）任云贵总督，道光二十九年（1849年）中元日前与云南巡抚程晴峰等人游大观楼，赋《泛舟近华浦》七律。

林则徐（1785~1850），字少穆、元抚，晚号俟村老人，福建侯官人。清嘉庆十六年（1811年）进士，授编修。道光年间历任江苏按察使、东河总督、江苏巡抚、湖广总督。道光十九年以钦差大臣虎门销烟，授两广总督。后历署陕甘总督、陕西巡抚。道光丁未（1847年）任云贵总督。己酉（1849年）中元日前游黑龙潭、大观楼，即事赋七律。

泛舟近华浦

林则徐

笋舆穿彻郭东西，载上轻舠息马蹄。

雨后浓园花四辟，水边香绽稻千畦。

阑干百尺横波立，楼阁三重压树低。

合乞文星留墨妙，长言休让昔人题。

何彤云

何彤云，清咸丰年间兵部、户部侍郎。咸丰五年（1855年）清文宗奕詝询问云南滇池形势，何彤云历陈滇池之大观，文宗书"拔浪千层"御赐。至今"拔浪千层"匾仍悬挂大观楼头。何彤云诗作成就很高，《滇池歌》是其登大观楼写景叙史，抒发长联意境，表达对家乡山水的眷恋之情。

何彤云(1811~1859)，字庚卿，号子缦，昆明晋宁县人。清道光甲辰（1844年）进士，授翰林院编修迁侍读学士，日讲起居注，充经筵讲官，官至兵部、户部侍郎。父丧回滇，咸丰九年（1859年）卒于昆明。何彤云敏捷善辩，能诗善文，著有《庚缦堂杂俎》、《庚缦堂矢音集》、《诗集》、《文集》等。

拔浪千层（匾）

咸丰皇帝书

附：马如龙跋

咸丰乙卯，兵部侍郎何彤云侍南斋日，蒙文宗显皇帝垂询滇池形势，彤历陈大观情形，仰荷御书“拔浪千层”匾额，颁立斯楼，猗欤休哉！滇去京师万里，而山水之胜，得邀宸赏，足征圣天子声教所被，无远弗届也。丁巳毁于火，今重建斯楼，敬谨恭录，悬诸前檐，不特为山川生色，亦潜移默化，六诏受怀柔之德于无既矣。臣马如龙谨识。

滇池歌

清・何彤云

于廓哉，滇池之水，浩浩荡荡不知几百里。白浪高于山，不风常自起。四顾惟一碧，粘天无涯涘。第见太华之峰雄且奇，绵延直走昆明西。其上列仙常来往，乘云御气骖蛟螭。银台金阙耸千尺，奇花异果无四时。不死之药往往在，入口千岁忘渴饥。碧鸡金马时下饮，神光煜爚来游嬉。自古无人到，舟近风引之。流传万里外，惟闻黑水祠。劫灰飞尽长安中，五尺之道西南通。靡莫漏卧尽臣服，蒟酱岁人甘泉宫。织女朝朝弄机杼，石鲸夜夜鸣秋风。旌旗至今如在眼，楼船几费攻习功。吁嗟乎，唐铁柱、宋玉斧，一朝划断益州土。七百余年几沧桑，南中又来革囊渡。从此滇波不倒流，鱼稻蒲蠃岁无数。迩来风景尤丽都，高楼杰阁出烟树。登临到此惟饮酒，境好往往难成句。可惜当年长卿乘传来，归朝不奏滇池赋。

陈鹍

陈鹍，清末民初昆明著名诗画家，1919年秋高重阳日，与陈荣昌等三迤名士游近华浦，登大观楼观景抒怀，留下《己未初日游近华浦》七律。

陈鹍（1838~1921），字岚青、兰卿，昆明人，少年聪慧，曾受到云贵总督林则徐夸奖。光绪八年（1882年）曾任清光绪云贵总督岑毓英幕僚。能诗善画，诗工长庆体，绘没骨画，工仕女。诗作有《集翠轩诗稿》传世，光绪十五年（1889年）编绘《圆圆小影》。一生尤精于鉴赏，收藏甚富。卒年八十三岁。

己未秋日游近华浦

陈鹍

近华浦在西城外，独上高楼眼界空。

铁马突飞尘雾白，金乌未坠夕阳红。

聊将山水娱心目，太息兴亡忆段蒙。

搔首问天天不语，劫灰而后论英雄。

赵藩

赵藩光绪十四年（1888年）正月以楷体重书刊刻孙髯翁长联，保存至今。题大观楼诗作较多。

赵藩（1851~1927），字樾村，一字蟠仙，号介庵，晚号石禅，云南剑川人，白族，清举人。赴京应试不第，入岑毓英幕府。后历任四川酉阳知州、按察使等职。1918年护法战争任广州军政府交通部长，1920年回滇，任云南图书馆馆长，创议辑刻《云南丛书》。工诗文，善书法，著有《向湖村诗文集》、《小鸥波馆词钞》、《剑川县志》等大量著作。成都武侯祠"能攻心则反侧自消，从古知兵非好战；不审势即宽严皆误，后来治蜀

要深思。"这副楹联，世所称颂。大观楼长联是赵藩三十七岁时所书。

题大观楼二首

清·赵藩

近华浦上大观楼，高压滇南十四州。

此日筹边何限事，凭栏无语对闲鸥。

掀翻蒙段劫余灰，金碧丹青壮丽开。

都在孙髯凭吊里，更谁楼上赋诗来。

陈荣昌

清末民初云南著名学者、书法家陈荣昌，经常与三迤名士聚会近华浦，诗酒唱和。他的《大观楼怀古》，即名士聚会时创作的诗篇。

陈荣昌（1860~1935），字小圃，号虚斋，晚号困叟，昆明人。清光绪癸未（1883 年）进士。历任翰林院编修，贵州、山东提学使，昆明经正书院山长，云南高等学堂总教习，云南国学专修馆馆长等职。著有《虚斋诗集》、《虚斋文集》、《乙巳东游日记》等。袁嘉谷评其书法："颜鲁公之后，南园一人而已。南园之后，公一人而已。"

大观楼怀古

清·陈荣昌

十年重此泛游航，眼底亭台尽改张。

风物自随时世变，情怀却为古人伤。

梁宫沐墅都荒废，舟屋升庵亦渺茫。

惟有湖山依旧好，白鸥飞过水云乡。

陈度

云南泸西才子陈度，清光绪甲辰科进士，工诗词书画篆刻，他1919年的登大观楼诗，已流露出欲浮家避喧，遁入佛门的思绪。

陈度（1865~1941），字古逸，号琴禅，云南泸西人，祖籍江西临川，祖父、父亲均以制笔闻名。清光绪三十年（1904年）进士，官吏部主事，任云南财政监理官。辛亥后任银行监察、云南外交司长，继任普洱宏远书院山长。后潜心佛学，习净土宗，隐居华亭寺，营建法幢精舍于高峣村，与方外为伍。他精于书画，书学苏轼，小至蝇头小楷，大至寻丈，无不规摹；画学徐渭、朱耷，写意不拘一格，长于指头画，兼擅篆刻、雕刻。著有《泡影集》、《普洱府志》等。

登近华浦大观楼

陈度

清溪红树远，世外有仙源。

山水寰中胜，楼台劫后存。

鸥闲浪亦静，雁过天无痕。

我欲浮家去，风尘聊避喧。

熊廷权

清光绪进士熊廷权，擅长诗词古文，在云南近代文坛享有盛名。他的《秋日登大观楼赏雨晚晴有作》，描绘四围烟雨中百尺高楼的景色。

熊廷权（1866~？），字种青，别号雪僧，晚号佚叟，昆明人。清光绪戊戌（1898年）科进士。历任四川高县、营山、富顺、彭县、庆符等县知事。辛亥回滇，历任丽江知府、腾越道尹、云南明伦学社社长。工诗，善古文，著有《唾玉堂诗存》、《文府集》、《经史札记书牍公牍》等。对宗教研究著作有《西藏宗教源流考》等。

秋日登大观楼赏雨晚晴有作

清·熊廷权

四围烟雨三篙水，七里沙堤百尺楼。

瀣气漫空天混沌，帆风失岸地沉浮。

惊寒鸿鹄倦高举，得意鱼龙忘倒流。

渐喜五华山色霁，彩云烘日照神州。

秦光玉

昆明呈贡化古城秦氏一门三才子（秦光铭、秦光玉、秦光第）之秦光玉，民国年间对云南文化教育事业作出杰出贡献。他1919年的登大观楼诗，怀古愁今，充溢乡恋之情。

秦光玉（1869~1948），字璞安，号瑞堂、罗藏山人，呈贡人。经正书院高材生，光绪十九年（1893年）举人，光绪二十九年（1903年）任云南高等学堂教习，翌年赴日本考察学务。辛亥后历任云南省图书博物馆馆长、云南丛书编纂、第一师范校长、教育厅长、省政府顾问等职。著有《续云南备征志》、《滇文丛录》、《滇南名宦传》、《罗山楼诗文集》、《云南历代名人事略》、《名将事略》、《呈贡县志》等系列

史志巨著。

己未秋九月大观楼

秦光玉

尘寰扰扰不胜愁，极目苍茫最上头。

凫渚高低芦叶晚，鳞塍远近稻花秋。

启山蓝缕思庄蹻，分道旌旗忆武侯。

舟屋清风何处是，水云乡里听渔呕。

袁嘉谷

袁嘉谷系清光绪二十九年（1903）经济特科第一名，云南科举史上唯一的状元。他钟爱昆明的山水名胜，在大观楼留下大量诗作。

袁嘉谷（1872~1937），字树五，别字树圃，号屏山居士，云南石屏县人。清光绪癸卯经济特科第一名，授翰林院编修，派赴日本考察。归国后任学部编译图书局局长、宪政馆咨议官、实录馆纂修官。1909年任浙江提学使兼布政使。辛亥后回滇，历任云南盐运使、省务委员、东陆大学教授。著有《卧雪堂文集》、《卧雪堂诗集》、《滇绎》等大量著作。石屏袁嘉谷故居已辟为纪念馆，昆明故居列为区级文物保护单位。

袁嘉谷大观楼诗选

春日游大观楼

清·袁嘉谷

鹤背仙犹谪，螺舟渔自眠。

斜风送花舫，春水碧如天。

泛草海

清·袁嘉谷

碧柳晓迎客，朝阳斜渡河。

轻舟随水曲，春色让山多。

涌月亭

清·袁嘉谷

南溟巨浸六河通，帝谪姮娥下碧空。

一夜笛声吹浦外，万山秋色涌亭中。

鱼龙梦醒珠光逼，杨柳阴寒水上蒙。

呼到芳樽醉明月，浮家何事羡渔翁。

昆湖秋泛

清·袁嘉谷

白马庙前天绿，碧鸡关下云青。

一棹浮沉何处，鸥凫招我前汀。

大观楼

清·袁嘉谷

老龙睡不醒，霖雨藏龙宫。

沧海半桑田，桑田复苦凶。

巍巍大观楼，昔峙波涛中。

今也接于陆，登临殊从容。

振衣俯万象，海气蒸冥濛。

渔家百千户．舟隐各西东。

南望山外山，昏雾愁伏戎。

凭栏仰天问，幸挽凶岁丰。

乐哉不知忧，谁师文正公。

大观楼阻水

清·袁嘉谷

乱流无忌惮，秋日断人路。

林外绿粘天，铃声穿入树。

风逗娇禽语，霜迎瘦叶飞。

斜阳水半湿，借得钓船归。

彩云崖书门人诗句

云扶岳翠立樽前（秦用宽），

猿坐危屏挂落泉（丁国昌）。

石磴一千二千级（张宇光），

碧杨深处夕阳天（林景泰）。

诸门人诗句余为书之树五袁嘉谷

由云龙

民国初年，对云南文化教育事业作出重大贡献的藏书家由云龙，云南著名风景名胜都留有他的诗词楹联。他对同治三年（1864年）重建大观楼，感慨"危楼焕金碧，胜地感沧桑"，"平湖五百里，登眺极苍茫"。

由云龙（1876~1961），字程孙、夔举，号定庵，姚安人。光绪丁酉科（1897年）举人，光绪二十七年（1901年）肄业于京师大学堂。后留学日本学教育。1908年创办《云南日报》，宣统元年（1909年）任云南教育总会副会长。辛亥后任迤西自治机关总部总理，历任永昌知府、省教育司长、代省长、通志馆编纂。1954年任省政协副主席，藏书万册捐赠云南省图书馆。著有《姚安县志》、《定庵诗话》、《桂堂余录》、《越缦堂日记》、《漫游百咏》、《东游日记》、《定厂诗存》等。

重建大观楼落成

由云龙

说法人何在，蒹葭水一方。

危楼焕金碧，胜地感沧桑。

兴废原无定，维持赖有常。

平湖五百里，登眺极苍茫。

由云龙大观楼联：

与岳阳、黄鹤相衡，一样雄奇，各有大名垂宇宙；

揽昆海、碧鸡之胜，同来眺赏，莫将佳日负春秋。

顾视高

清末民初云南著名学者顾视高，繁忙公务之余，常到大观楼与名士聚会，诗酒唱和。他的《重临大观楼》诗，写了层楼寒烟的金碧山川。

顾视高（1877~1943），字渔隐，号仰山，昆明人，清光绪癸卯（1903年）恩科进士，授编修，咨议局议员。1906年留学日本政法大学，次年回国考授编修加侍讲衔。辛亥后，任参议院议员，历任云南法政学校校长、省公署秘书、富滇银行行长，先后任东川矿业、个旧锡务、明良煤矿、耀龙电气等企业董事、监事。著有《漱石斋诗文集》、《读书记》、《友声集》、《自反斋日记》等。

重临大观楼

清·顾视高

层楼犹自锁寒烟，载酒重临思悄然。

何日玄黄判天地，此间金碧见山川。

惊心寰海仍争逐，历劫昆池任变迁。

风景不殊时事异，有人惆怅彩云边。

廖道传

广东梅县清末民初才子，1919年重阳节应三迤名士之邀，泛舟滇池近华浦，步清嘉庆进士、云南永昌知府宋湘诗韵，吟《己未秋游大观楼泛舟昆湖两首》。诗中可以看出，他对云南历史非常熟悉。

廖道传（1880~1935），字叔度，号三香，广东梅县人。光绪二十八年（1902年）入京师大学堂，毕业赴日本考察教育。回国后任广西优级师范监督，民国初任广东高等师范校长，继任广西督军秘书、广西统税局长、梅浦蕉平公路总办。创办嘉应大学。著有《三香片羽集》、《金碧集》。

己未秋游大观楼泛舟昆湖两首

廖道传

云山如画合催诗，万里人来把盏时。

东亚此间添里海，南溟以外有天池。

乾坤轩豁开襟抱，洲岛苍茫点局棋。

凭吊楚威兼汉武，神州辟土好男儿。

汉水同浇块垒杯，风涛实倚济川才。

云容黯黯天心醉，灰劫沈沈地窍开。

入僰相如怀草檄，渡泸诸葛已登台。

即看远近轮樯影，会有楼船驾海来。

董必武

董必武一九五九年十月十九日游览大观楼，一揽滇池湖山，认真欣赏长联，即兴写下《游昆明大观楼》长诗。

董必武（1885~1975），湖北黄安（今红安）人。原名贤琮，学名用威。早年加入同盟会，参加辛亥革命。1920年在湖北建立共产主义小组，次年出席中共第一次代表大会，党内历任要职。长征后任中央党校校长、代理陕甘宁边区政府主席。新中国建国后，历任最高人民法院院长、国家副主席、全国人大副委员长。著有《董必武选集、诗选》。

游昆明大观楼

董必武

昆明大观楼，一揽湖山胜。髯翁长联语，今古情怀馨。

昔日说大观，达官贵人兴。今日说大观，才具人民性。

碧鸡林木茂，金马亦苍峻。眺望神不倦，清幽景可咏。

巨浸森茫茫，风帆南北运。秋空雁题字，秋水鱼群趁。

荇藻交纵横，没波鸥相竞。海埂辟公园，士女乐游泳。

宇宙未为隘，气感天地正。游人发浩歌，建设增干劲。

郭沫若

郭沫若一九六一年一月登大观楼，挥毫写下脍炙人口的《登大观楼即事》五言律诗。

郭沫若（1892~1978），四川乐山人，原名郭开贞，号尚武，笔名沫若、鼎堂、易坎人等。现代杰出的作家、诗人、戏剧家、历史学家、古文字学家。1913年赴日本留学，1921年出版诗集《女神》，与成仿吾、郁达夫等组织"创造社"。1923年回国，弃医从文。1924年倡导革命文学，1926年任中山大学文学院院长，参加北伐，任国民革命军政治部秘书长。1927年参加"八一"南昌起义，任总政治部主任，同年加入中国共产党。抗战时期组织抗日救亡运动，创作《屈原》、《虎符》等历史剧。新中国建国后历任中央人民政府委员、政务院副总理、中国科学院院长、文学艺术界联合会主席、全国人大副委员长、全国政协副主席等职。著作有《沫若文集》十七卷、《郭沫若选集》、《郭沫若剧作选》等。

登大观楼即事

郭沫若

果然一大观，山水唤凭栏。

睡佛云中逸，滇池海样宽。

长联犹在壁，巨笔信如椽。

我亦披襟久，雄心溢两间。

陈毅

一九六一年元旦，陈毅由大观楼乘船游滇池，见船舱壁间悬挂大观楼长联，认真鉴赏，即兴赋六句七言诗《船舱壁间悬孙髯翁大观楼长联读后喜赋》。

陈毅（1901~1972），四川乐至人，原名世俊，后名秋江，改名毅，字仲弘，笔名曲秋，别署横槊，人称横槊将军。1919 年赴法勤工俭学，1922 年加入中国社会主义青年团，1923 年加入中国共产党。1927 年参加南昌起义、湘南起义，任工农红军第一师党代表。后与朱德率起义军上井冈山。1934 年红军主力长征，陈毅领导南方游击战争。抗战时期为新四军代军长、中央军委华中分会副书记。解放战争任新四军军长，第三野战军司令员兼政委。新中国建国后，历任华东军区司令员、上海市委书记、上海市长、中央军委副主席、国务院副总理兼外交部长、全国政协副主席等职。1955 年被授元帅军衔。著有《陈毅诗词选集》、《陈毅诗稿》等。

船舱壁间悬孙髯翁大观楼长联读后喜赋

陈毅

滇池眼中五百里，联想人类数千年。

腐朽制度终崩溃，新兴阶级势如磐。

诗人穷死非不幸，迄今长联是预言。

七、楹联拾穗

——近华浦大观楼楹联选辑

与岳阳、黄鹤相衡，一样雄奇，各有大名垂宇宙；

揽昆海、碧鸡之胜，同来眺赏，莫将佳日负春秋。

——清·由云龙

突兀见楼台，到此开怀，洗净俗尘几许；

晶莹连水月，自他补耀，应增智慧三分。

————清·王继文

天镜平涵，快千顷碧中，浅浅深深，画图得农桑景象；

云屏常峙，看万峰青处，浓浓淡淡，回环此楼阁规模。

————清·王继文

蛟宫拔起千层浪；

龙翰颁来万里香。

————佚名

云边丘壑高藤枕；

湖上乾坤老布衣。

——清·许弘勋

观音寺华严阁长联

叠阁凌虚，彩云南现，皇图列千峰拱首，万派朝宗，金碧联辉，山河壮丽。视晴岚掩翠，晓雾含烟，升曙色于丹崖，苍松鹤唳；挂斜阳于青嶂，石厂猿啼。暂息烦襟，凝神雅旷，豁尔讴歌叶韵，风月宜人，性静幽闲，互相唱和，得意时指点此间真面目；

层楼映水，佛日西悬，帝德容六诏皈心，百蛮顺化，昆华聚秀，宇宙清夷。听梵呗高吟，法音朗诵，笑拈花于鹫岭，理契衣传；侪立雪于少林，道微钵受。久修净行，释念圆融，历然主伴交泰，凡圣泯迹，心源妙湛，回脱根尘，忘机处发挥这段大光明。

——清·僧净乐

曾经沧海难为水；

欲上高楼且泊舟。

——清·马如龙

任客来当风月主；

无人不结山海缘。

     ——清·马如龙

色即是空，空即是色；

诗中有画，画中有诗。

     ——清·马如龙

置身金粟界中，举盏每邀三李白；

照影水晶宫里，放舟常遇百东坡。

     ——清·马如龙补题

君子吐芳讯；

达人垂大观。

     ——清·倭艮峰

  马如龙跋：重建大观楼落成，适蒙倭艮峰相国邮赠斯联，因倩名手钩而刻之。

望海忆当年，叹千层浪涌，百尺涛飞，安得滇海长清，再造危邦成乐土；

登楼忻此日，看六诏风和，三迤云丽，从兹岑楼永峙，常教止水不为波。

——清·岑毓宝

风景喜无边，睹当前，依然见鸥眠渚静，雁落平沙，鱼跃川澄，鸢飞天旷。芙蓉放而蓼花参，柳丝垂而芦苇绕。淡淡浓浓，情堪入画。羡此际江乡绥靖，水国雍熙，山求枪化作文明象，流连胜概，伊可乐也；

劫灰沉已久，怀往事，怎禁得浪怒滩鸣，涛翻海立，潮回石滚，峡倒澜狂。鳄窟吼则蛟宫闹，蟹屿倾则螺洲颓。汹汹涌涌，势有难遏。念今日舟揖安详，楼船休息，兵气销为日有光，追慕丰功，谁弗颂焉。

——清·于问渠

放浪乾坤双醉眼；

邀游山海一翎毛。

——清·舒藻

楼阁喜重登，看此际笛唱晚风，舟横夜月，把逸兴荡开，恰逢学士七峰临彼岸；

波涛欣永靖，想当年戈挥落日，剑倚长天，迫狂澜挽住，全仗将军一柱砥中流。

——清·舒藻

乔呈五色云之祥，孕育文明，祥征已久；
靡莫十数滇最大，抱把形胜，大观在兹。

——清·赵藩

滇池非即昆明池，误认战习楼船，元人殊陋矣！
汉县原为谷昌县，上溯疆开筰路，楚蹻实先之。

——清·赵藩

士女嬉游，更无风雨妨佳日；
古今代谢，祇有湖山极大观。

——清·赵藩

群贤毕至乐无涯，有酒、有诗、有画；
老子于斯兴不浅，此山、此水、此楼。

——清·舒绍舆

仙风吹到旧规模，高楼重霄，俯视群流，恰好称将军品概，登斯楼也，
爽气飞来，倚栏舒怀，谁能指六诏之遗踪，追百蛮之胜迹？

海市展开新结构，遥连群岛，近招画舫，仍不负名士攀跻，此大难乎，
尘襟涤尽，推窗放眼，安得呼碧鸡以唱晓，策金马以腾空。

——滇南士民公颂马云峰军门重建斯楼志喜

大观楼

灏气凌虚常捧日；

壮怀破浪便乘风。

——清·马维骐

上下天光，一碧万顷；

通连河势，六县四州。

——清·释圆灿

欲极滇池五百里；

更登高处两三层。

——清·马万选

仆本恨人，吞大海一沤，焉得洗胸中块垒；

谁非乐土，卧高楼百尺，也应游梦里华胥。

——清·陈荣昌

沙鸥狎人去住；

云海荡我心胸。

——清·张自明

螺髻浮青山卧佛；

鲜塍漾碧稻生孙。

——清陈度

海自依城，闻长五百里；

樽常对月，时共两三人。

——清·李坤

谁凿劫灰开混沌；

任观坳水话桑麻。

——清·陈之梅

依然明媚山川，苍霭白云，人世几回伤往事；

自笑婆娑风月，绿蓑青箬，江湖满地一渔翁。

——清·由云龙

朝云起雨，暮霭飞烟，世事古今殊，只余无恙西山，随时在目；

雪浪吞天，风涛卷地，英雄淘泻尽，为问倒流滇水，何日回头？

——民国·王灿

金碧古传妙香国；

楼台恰在彩云乡。

——民国·李霆锐

放开眼孔穷天地；

别有心肠蕴古今。

——民国·陈惠畴

跨岳阳黄鹤飞来，剑影纵横，笛声嘹亮；

喜滇海红羊度过，青山无恙，绿水依然。

——佚名

近华浦历史景点佚名联

揽胜阁

明月清风谁是主；

高山流水几知音。

渔舍晓烟消，长啸一声天地阔；

野航初日起，乍传逸响海山清。

溯洄轩

何处诉离思，秋水兼葭宛然在；

怎能伸别绪，春帆细雨客归来。

催耕馆

云水光涵清吏驾；

稻花香慰老农心。

兴至欲呼金马走；

爽来思唤碧鸡鸣。

送客岛

南浦绿波流客梦；

西山爽气快离怀。

唤渡矶

载将诗酒琴棋客；

来结溪山风月缘。

怀古廊

望祭曾传王给谏；

治功追慕赛平章。

浴兰渚

心脾恍沁冰壶里；

形影如游水镜中。

水月寮

到此推敲皆岛佛；

闲来游咏尽坡仙。

问津港

蛮地早经归化宇；

倒流何日挽回头。

忆别溪

记得楼中骑鹤去；

可能海上钓鳌来。

适意川

不知怎跨长虹至；

到底谁骑宝象来。

豁襟榭

恍见层楼开海市；

追思水战仿昆池。

涤虑湾

若干偷闲频结网；

有人罢钓便收纶。

会仙庄

客舫每游三岛外；

仙槎常住五云中。

聚渔村

春鲤秋鲈携换酒；

美虾肥蟹助烹鲜。

大观楼现代楹联选辑

四围香稻翻金浪；

百里滇池涌碧波。

——王瑛

红藻香远来幽径；

翠黛波凝入画楼。

　　　　　——王思诚

此地有名联湖山雅丽归文藻；

斯楼多胜事苏米风流忆西湖。

　　　　　——王白纯

窗前一水接天碧；

楼外千峰环海清。

　　　　　——王白纯

雨洒西池，莲子开时心奕奕；

风来北渚，梨花落处泪依依。

　　　　　——王兴麒

流莺语燕景中景；

近水遥山楼外楼。

　　　　　——王兴麒

湖光山色斯楼美；

草绿花红此地佳。

　　　　　　——王庶

数点渔舟飞水镜；

几家村落近湖居。

　　　　　　——许秋山

几湾流水几湾月；

万里行云万里天。

　　　　　　——许秋山

云山看睡佛；

水榭憩游人。

　　　　　　——刘季阶

鸥鹭翩翩秋水渺；

蒹葭莽莽落霞飞。

　　　　　　——孔庆福

来此处兮，早忘却名为何物。超然世外，放胆三呼，九万里河山片刻全收眼底；

登斯楼也，浑不知我是谁人。独步堤前，凌风一笑，五千年往事顿时尽纳怀中。

——吴运强

花浓月淡流芳榭；

云影波光映画楼。

——石国玺

祥征金马碧鸡，歌汉家业绩，标有价文章，数千年俊杰奇英，人推王氏；

材擅雕龙绣虎，涌滇海词源，揽无边风月，评六诏兴亡代谢，谁继孙翁？

——刘克生

云山看睡佛；

水榭憩游人。

——刘季阶

登楼果大观，万千气象蒸沧海；

赏景任遥指，五百波光泛绿洲。

——吕少康

滇池蔚大观莫作元龙高卧；

华浦培佳景何妨子骥重游。

——刘文淹

虚怀纳客倒影迎舟常来鹭侣鸥朋降兮北渚；

秋醉黄花春迷翠柳更爱夏凉冬暖胜似西湖。

——刘难方

倒影平分千顷绿；

环栏远送数峰青。

——李孝友

园中烟柳迎佳客；

楼外青山睡美人。

——李元泰

置身高阁思黄鹤；

放眼青峰舞碧鸡。

——李行健

大观楼

楼外有楼更上层楼观大海；

海边环海相邀四海建高楼。

——李行健

把酒临风数归帆几许；

凭栏对月问今夕何年。

——李蔚祥

风鬟雾鬓景中景；

蟹屿螺洲楼外楼。

——李书芳

孙髯长联，送迎来往客；

美人秀发，陶醉古今人。

——李书芳

舒眼春花展笑；

翔空鸥鸟含情。

——李嫦莉

金风方送白帆去；

碧水又推绿浪来。

——李建业

回头望大观始悟身居楼外；

挥笔临滇海莫忘人在景中。

——杨钜廷

雨戏碧鸡，半亩荷花皆弄伞；

风驱金马，一堤垂柳尽扬鞭。

——杨德云

绿水萦迴楼阁外；

游人宛在画图中。

——杨孟

清风明月诗人境；

铁马金戈壮士心。

——杨光昭

云浮白鹤碧鸡暖；

雾隐长虫金马寒。

——杨向阳

六合风光三面微寒三面暖；

一湖春色半边烟雨半边晴。

——杨向阳

红葩紫朵高楼秀；

皓月鳞波近浦幽。

——何朝坤

楼头杨柳绿；

山外夕阳红。

——何开明

楼外楼中多雅趣；

画中画外有清音。

——邹硕儒

荷香泛红稻香溢翠；

月影漾玉日影涟金。

　　　　　　——邹硕儒

湖水晶莹照千秋卧佛；

青山挺秀鸣万载锦鸡。

　　　　　　　——汪风

柳影轻摇滇池烟雨；

松风徐卷碧岭岫云。

　　　　　　　——张钦

一阁凌空思巧匠；

百花满苑感园丁。

　　　　　　　——张光富

句隐禅机，百代兴亡空咏叹；

联垂文彩，千秋翰墨尚遗香。

　　　　　　　——张光富

南浦云飞楼外景；

西山雨洒水中天。

　　　　　　　——张熙江

芳草连湖水；

小楼迎晚风。

——张期一

烟树渔帆诗里去；

华山昆海画中来。

——张积厚

五百里浩渺烟波，鱼龙潜跃；

万千家苍茫云树，鸡犬遥闻。

——张积厚

长联说尽滇池美；

小调撩开云岭情。

——陈安民

绿水腾金马；

长联壮大观。

——陈怀志

西湖胜境开楼外；

南国风光入画中。

——张绍良

来湖滨灵山秀水醉目；

入楼内明月清风沁胸。

——陈筑仁

游苑中苑赏无边秋色；

登楼外楼畅满目春光。

——陈子汉　马跃飞

把酒凌风，金马长嘶腾宇宙；

披襟起舞，碧鸡三唱曙乾坤。

——陇睿

公去何为，昔日长联最可读；

我来非暮，今朝佳景更堪吟。

——陇兆麟

宛若优游南浦；

似曾相识西湖。

——林亮

大观楼

柳外兰舟，双桨摇来明镜里；

天边秋雁，几行飞入画图中。

——周嘉禾

槛外山光吞水色；

楼中琴韵伴歌声。

——周岳年

滇老才雄，长联百八髯翁笔；

美人山秀，石级千三睡佛胸。

——赵椿

移山填海五百里滇池安在；

覆地翻天数千年往事难忘。

——赵璋

客子归来空负襟怀涵广宇；

高人已去望穿天海问行踪。

——赵仲牧

心远楼高把酒凌虚看天涯芳草；

水清月白披襟起舞对碧海婵娟。

     ——赵浩如

窗对青山美人云里卧；

湖开明镜归棹画中行。

     ——赵浩如

一水楼堪游目莫论它汉武船高赵家斧小；

三杯酒寄闲情勿错过滇池浪碧西麓风清。

     ——赵浩如

睡佛醒时，荷香正妙；

滇池生后，秋月才明。

     ——赵海若

鱼跃鸢飞楼浮水天外；

花红柳绿人在画图中。

     ——赵慕武

大观楼

登楼顿觉海天阔；

感物常随气象新。

——施菊轩

径迴颇得趣中趣；

兴至又登楼外楼。

——施菊轩

一楼玉立大观外；

多景漫收老眼中。

——施菊轩

楼外三潭印月；

舟中一桨分天。

——钟千里

景推南国无双色；

楼对高原第一池。

——贾菊人

楼外有楼，景从楼外入；

镜中无镜，人在镜中游。

　　　　　　　　——贾菊人

楼外观海心潮彭湃；

海边登楼思绪翻飞。

　　　　　　　　——聂索

朝观睡佛云中卧；

夕数归帆天外来。

　　　　　　　　——唐世琨

疑水疑云雾障雄关连涨海；

亦楼亦舫花飞绣渚泡春城。

　　　　　　　　——郭昌桢

柳娇缘有千条线；

鱼跃何关一水秋。

　　　　　　　　——屠育生

临水观山水抱青山山抱水；

推窗望月窗含明月月含窗。

——程忠茂

打桨赏心湖水绿；

倚栏极目海天舒。

——傅盛勋

把酒临风，往事随鸥迷晓梦；

凭栏听雨，美人带雾卧烟波。

——段跃庆

层楼耸翠，经几许沧桑，长联依旧；

曲槛临波，看无垠云水，人物常新。

——郭鑫铨

楼外有楼，喜金马迎晖，碧鸡送爽；

景中生景，看白萍点翠，红蓼飘香。

——梅绍农

水涵峰巅，万叠屏山雕影碎；

云浮楼底，十分春色逐波匀。

——杨灏武

浓荫掩园圃，春草映池塘，群芳竞艳，四季飘香，大观楼外清凉界；

轻舟荡碧波，绿水连亭树，众秀流光，千山含翠，近华浦中别有天。

——姚泰成

身在高楼须放眼；

腹如大海好撑船。

——盛其德

凝翠连峰成彩画；

落霞映岭胜朝曦。

——黎明

煮茶对奕趣中趣；

邀月题诗楼外楼。

——谭铁夫

荡漾碧波美人时隐时现若睡若浴；

葱茏翠柳画阁有园有林似汀似舟。

——蒋志鹏

寻芳应取景中景；

揽胜还登楼外楼。

——蒋公泽

碧海开奁为渔家少女铺妆镜；

春风弄笔给太华美人画蛾眉。

——曾奇

王勃序，崔灏诗，双峰对峙；

髯翁联，仲淹记，两派分流。

——葛景龙

月色空明辉大地；

烟波浩渺映长天。

——瞿碧君